הרב חיים פרידלנדר

קונטרס

וידעת כי שלום אהלך

A Peaceful Home

by Rabbi Chayim Friedlander ZT"L

English translation entitled
Mazal Elul

Lessons guiding young men approaching marriage into an understanding of their new responsibilities and obligations towards their wives, building together a Torah home in a loving, partnered relationship lasting a lifetime.

Rabbi Chayim Friedlander
קונטרס וידעת כי שלום אהלך
A Peaceful Home

English translation entitled
Mazal Elul

mazalelul@chafetzchayim.org

Page layout by
EFI – A.B. Productions, Bnei Brak
efi2003@gmail.com

Cover art: Reena Abady
Reenaabady.com 848-226-4454

Graphic consultant David Benoliel
db@davidbenoliel.com 718-207-2125

Web design: Liad Maccabi
www.5townscpa.com 516-336-9829

Printed in Eretz Yisrael

ISBN 978-1-5323-7012-0

Distributed by the
Mazal Elul Congregation
www.chafetzchayim.org

הרב אהרן פלדמן
RABBI AHARON FELDMAN
421 YESHIVA LANE, Apt 3A, BALTIMORE, MD 21208
Tel.: 410-6539433 Fax: 410-6534694
Study: 410-4847200 Ext. 6050; Direct line: 443-5486050
e-mail: raf@nirc.edu

Rosh Hayeshiva
Ner Israel Rabbinical College

ראש הישיבה
ישיבת נר ישראל

בס"ד י"ט כסלו תשע"ח

Dear Rabbi Ginsburg:

You asked me to review a few pages of a translation of Rabbi Friedlander's booklet on marriage for quality. I prefer to answer you in English to make sure that you get my precise opinion.

The translation is completely true to the original and will definitely benefit the public.

……..With berachos for hatzlocho,
Aharon Feldman

בס"ד חודש ניסן תשע"ח פה בני ברק

הובא לפנינו קונטרס "וידעת כי שלום אהלך" מכתבי אאמו"ר זללה"ה העוסק בעניני הנהגת הבית.

ולתועלת הרבים ביקשו מעמנו רשות לתרגמו לשפת אנגלית בשביל אותם אלו שלא ברור להם לשון הקודש.

ומאחר שעברו על החומר כמה ת"ח, ובראשם הגאון הגדול רבי אהרן פלדמן שליט"א ראש ישיבת בולטימור שידיו רב לו בענינים אלו.

והעידו ונתנו את הסכמתם שהתרגום הוא נאמן למקורו בלשון הקודש.

ע"כ אנו באים לברכם שיראו ברכה במעשה ידיהם, וזיכוי הרבים הגדול שיש בזה תעמוד לזכותו בעלמא דקשוט, ולהם לברכה והצלחה.

בני אאמו"ר הגה"צ רבי חיים זללה"ה
פרידלנדר

Consent from the Friedlander family
to translate and publish their father's Kuntres.

With the help of Hashem
Nissan 5778
Bnei Brak

A request was brought to us regarding an essay written by our father, master and teacher entitled "and know that your home will be peaceful" which deals with the proper conduct of the home, and translate it for the benefit of the English-speaking public that is not proficient in the holy Hebrew language. Since several Torah Scholars have reviewed the translation – first among them is the great Gaon Rabbi Aharon Feldman Shlitah, the head of the yeshiva in Baltimore who has much experience in these matters – and have testified and given their approbation to it as being faithful to its source in the holy language, we are giving them our blessing that they should see much blessing from their work, and the great public merit of this endeavor should stand for their merit in the World of Truth for blessing and success.

The children of our father, master and teacher,
the Gaon and Tzadik Rabbi Chayim,
may his memory be for a blessing in Olam Haba
Friedlander

הרב חיים פרידלנדר
קונטרס וידעת כי שלום אהלך

A brief look at the Kuntres

The goal of this Kuntres "A Peaceful Home" is Shalom Bayit, a Torah-home built on a bonded husband-wife loving relationship that lasts a lifetime. Rabbi Friedlander writes that the impetus for his essay is the generation's drive for self-gratification and an impatient tendency to default to quick and easy solutions without the willingness to work through problems, and compromise or concede to the other side for the sake of their home. The essay is specifically directed at the Chatan in a series of lessons guiding him into his new responsibilities and obligations to his wife, in understanding her needs and sensitivities, and to know that the woman he married is her own person, a life's partner who was brought to him by Hashem and comes with her own unique strengths and talents complimenting his own strengths and talents as his companion helpmate throughout life. Quoting Rabbi Friedlander – "Dear Chatan, do not be afraid, the job of a young Chatan is not so hard, it just takes a good attitude and some attention to acquire the skills to better understand what your role is in the home." Citing the Chazon Ish, he writes that a husband's job throughout life and particularly in their first year of marriage is to make his wife happy, supporting her physical and emotional needs as he sets the direction of the family and the atmosphere of the home. The lessons of this Kuntres are equally appropriate to couples who are married for many years, guiding the husband in ways to enhance the tranquility of their home and promote a more loving relationship with his wife.

With the permission of the Friedlander family we attached some guiding words to Chatanim which appear at the conclusion of the Kuntres written by Rabbi Eliezer Ginsburg quoting Rav Shach.

Words of thanks and appreciation

הודה לה' כי טוב כי לעולם חסדו

Thank you, thank you Hashem. We cannot even begin to imagine that we could reflect back to the Boreh Olam in some infinitesimal way our gratitude for His constant Chessed throughout our lives, and now in particular during the entire process of the translation and publishing of this sefer. Thank you, Hashem.

With deep appreciation we would like to thank the family of Rabbi Chayim Friedlander *ZT"L* for allowing us to publish their father's holy Kuntres וידעת כי שלום אהלך in English translation entitled "A Peaceful Home." Our profound gratitude goes to Rabbi Daniel Harris[1] and Rabbi Yosef Baraka[2] for their painstaking review, correction and editing of the translated text of the Kuntres. More – our great admiration and thanks must be expressed to Rabbi Yaakov Yehoshua Zaks[3] and Rabbi Chayim Walkin[4] for their letters of introduction on our behalf to the Friedlander family asking for their permission to publish a translation of their father's Kuntres. It is my great privilege to be associated in a small way with Rabbi Rephael Isser Yehudah Malin[5] who intervened multiple times approaching the Friedlander family advocating to allow us to publish this work. Yet more – Rabbi Eliezer Ginsburg[6] has been pivotal throughout

---

1. Beth Medrash Govoah, Lakewood, NJ
2. Kollel Keter Sion, Brooklyn, NY
3. Rosh Kollel Kodshim Radin, Rav Cong. Sfas Tamim, Ezras Torah, Jerusalem.
4. Menahel Ruchani Yeshivat Ateret Yisrael, Bayit VeGan, Jerusalem
5. Rosh Yeshivat Knesset Yehudah, Sanhedria Murkhevet, Jerusalem
6. Rosh Kollel Mir Yeshivah, Rav Cong. Agudath Israel Snif Zichron Shmuel, Brooklyn, NY

this entire journey, in his letter of introduction to Rabbi Aharon Feldman[7] and to the Friedlander family, in his guidance giving us continuous direction at every step in this process, in shepherding us around the hurdles that confronted us at various times during this period and for adding his own words of advice to Chatanim that appear at the end of this sefer in quoting Rav Shach.

The technical team that produced this sefer is phenomenal. My sincerest appreciation goes to Mr. Efrayim Babbi in Bnei Brak for his graphical layout and for the physical printing and production of the sefer in Holon. Mrs. Esther Ludmir in Jerusalem typed and vowelized the entire Hebrew text as there was no existing electronic file of the Kuntres. Ms. Reena Abady's pleasing creativity and design expertise went into the creation of the cover artwork. Mr. David Benoliel has been a consistent resource laying the basic graphic foundation for the cover artwork. Mr. Liad Maccabi's web design allows the sefer to be read anywhere in the world. My special thanks go to the principals of E.S. Originals and to Mr. Meyer Elnadav and Mr. Sol Roxas in the IT department for their PC support in the manuscript's preparation and communication.

Lastly, I am in awe of my dear wife and family for once again giving me precious time and their understanding and patience to focus on this work. May the One who is All good bless them all and all their families with His good and His Beracha for good at all times, Amen.

Our Tefilah is that this sefer should accomplish all of the good goals that were intended for it in cultivating Shalom Bayit throughout Klal Yisrael, both in this English edition and in its companion Spanish edition.

Yedidya Levy
Elul 5778
Congregation Mazal Elul

---

7.   Rosh Yeshivat Ner Yisrael, Baltimore, MD

וידעת כי שלום אהלך

פרקי הדרכה לחיי הבית

מ א ת

אדוננו מורנו ורבנו

הגה״צ רבי **חיים פרידלנדר** זצ״ל

מנהל הרוחני בישיבות ״פוניבז׳״ ב״ב, ״הנגב״ נתיבות

מהדורה חדשה

בני־ברק

תשס״ב

Cover page from the revised edition, 5762

אלעזר מנחם מן שך

קרית הישיבה

בני ־ ברק

בס״ד, יום ג׳ קדשים כ״ז ניסן י״ב למבנ״י תשמ״ו.

הנה הביא לפני את אשר העלה על הכתב מה שדיבר לפני חתנים בני תורה להדריכם ולחנכם את הדרך אשר ילכו בחיים המשותפים החדשים על פי התורה. ה״ה ידידי יקירי הרה״צ מהור״ר חיים פרידלנדר שליט״א משגיח הרוחני בישיבת פוניבז׳. ״ותורה שלמדתי באף היא שעמדה לי״, כי כ״ז העלה על הכתב בסבלו יסורים קשים בארה״ב שנסע לצורך ריפוי מחליו, ה׳ ישלח לו רפואה שלמה. ומה רב התועלת בקונטרס אשר בשמו יקרא **״וידעת כי שלום אהלך״ – קונטרס לחתנים בני תורה**. וכשקראתי בקונטרס הזה, הי׳ זה לפלא בעיני, כי לא ראיתי כבושם הזה בענין זה מעולם. וניכר בו מעומק המחשבה והיראת שמים שקדמתו לזה. ועל ידי זכות הרבים כי רב הוא, יחלימהו ה׳ וירפאהו ולשמש בקודש בהישיבה בהרבצת תורה ויראת שמים עוד רבות בשנים.
ומעומק לב ברכתי יוצא שיזכה לראות בביאת הגואל.

ידידו המוקירו כערכו הרם,

אלעזר מנחם מן שך

Rabbi Chayim Friedlander
A Peaceful Home

Elazar Menachem Mann Shach
the Ponovez Yeshiva
B'nei Brak

With the help of Hashem on the third day of Perashat Kedoshim, the 37th of Nissan, the 12th day of the counting *(the Omer)* 5746 (1986)

The author has brought to me what he has committed to writing – his instruction to Chatanim who are B'nei Torah, to guide them and to educate them on the path they should take in their new partnered lives in marriage according to the Torah. The great rabbi, my precious friend the Tzadik Rabbi Chayim Friedlander Shli'tah, the Mashgiach in the Ponovez Yeshiva. "The Torah that I learned in the time of pain is what stood for me"[1] refers to him. All this was written while he was suffering intense pain during his stay in America undergoing treatment to cure his sickness; Hashem should send him a complete recovery. How great is the benefit of his essay entitled **"and know that your home will be peaceful" - an instruction to Chatanim who are B'nei Torah**. When I read this essay it was so extraordinarily wonderful to me as I have never seen anything as beautiful as this. One can see the depth of thought and Fear of Hashem that went into it. Through the public's merit which is great Hashem should have mercy on him and cure him to serve his holy duty in the Yeshiva spreading Torah and Fear of Hashem for many years.

From the depths of my heart my blessing is that he should merit to see the coming of Mashiach.

His dear friend who respects him in high stature

Elazar Menachem Mann Shach.

---

1. Yalkut Shimoni on the pasuk in Kohelet 2:9 **ד"ה אמר רבי חנינא בר פפא**: The word **אף** here in the Midrash means pain. The Midrash is teaching that the learning one does while in a state of pain and suffering will stand for him as a zechut. (Rabbi Moshe Gurwitz).

תוכן העניינים

וידעת כי שלום אהלך

Rabbi Chayim Friedlander ZT"L

A Home at Peace

Rabbi Chayim Friedlander
A Peaceful Home

Table of contents

Rabbi Chayim Friedlander
A Peaceful Home

Table of contents

הַקְדָּמָה

קוּנְטְרֵס זֶה נִכְתַּב בְּסִיַּעְתָּא דִשְׁמַיָּא בַּעֲבוּר חֲתָנִים בְּנֵי תּוֹרָה הָרוֹצִים לְהָכִין אֶת עַצְמָם לִקְרַאת נִשּׂוּאֵיהֶם. מַטְּרַת הַקּוּנְטְרֵס הִיא לָתֵת לָהֶם אֶת הַהַדְרָכָה, שֶׁעַל יָדָהּ יוּכְלוּ לִבְנוֹת אֶת בֵּיתָם עַל פִּי דֶּרֶךְ הַתּוֹרָה, שֶׁהִיא - "דְּרָכֶיהָ דַרְכֵי נֹעַם וְכָל נְתִיבוֹתֶיהָ שָׁלוֹם".

כְּדֵי לִבְנוֹת אֶת הַבַּיִת מִלְּכַתְּחִילָּה עַל דַּרְכֵי נֹעַם, צָרִיךְ הֶחָתָן לְהָכִין אֶת עַצְמוֹ לִלְמֹד הֵיטֵב אֶת תַּפְקִידוֹ בְּבִנְיַן הַבַּיִת, וְלָדַעַת אֶת חוֹבוֹתָיו כְּלַפֵּי אִשְׁתּוֹ הָעֲתִידָה, וּבְעִקָּר לְהַכִּיר טִבְעָהּ וְאֶת צִפִּיּוֹתֶיהָ. עָלָיו גַּם לָדַעַת אוֹדוֹת הַקְּשָׁיִים הָעֲלוּלִים לְהִתְעוֹרֵר כְּדֵי לִמְנֹעַ אוֹתָם מֵרֹאשׁ, וְאִם יִתְעוֹרְרוּ - לִהְיוֹת מוּכָן לְטַפֵּל בָּהֶם כְּדֵי לְסַלְּקָם בְּעוֹדָם בְּאִיבָּם.

מִקּוּנְטְרֵס זֶה יָפִיקוּ תּוֹעֶלֶת גַּם אֵלֶּה שֶׁכְּבָר נְשׂוּאִים מִסְפַּר שָׁנִים. יֶתֶר עַל כֵּן, הֵם יָפִיקוּ אִם יִרְצֶה ה' תּוֹעֶלֶת מִיָּדִית בִּקְרִיאַת הַקּוּנְטְרֵס. אוּלָם הַחֲתָנִים עֲדַיִן אֵינָם מַכִּירִים אֶת הַתַּפְקִידִים הַחֲדָשִׁים וְהַנְּסִבּוֹת הַחֲדָשׁוֹת הַצְּפוּיִים לָהֶם, וּבַעֲבוּרָם דְּבָרִים רַבִּים שֶׁבְּקוּנְטְרֵס זֶה 'תֵּרוּצִים' לִפְנֵי שֶׁשָּׁמְעוּ אֶת 'הַקֻּשְׁיוֹת', לָכֵן אֵינָם מִתְיַשְּׁבִים עֲדַיִן עַל הַלֵּב. עַל כֵּן עַל הַחֲתָנִים לָדַעַת שֶׁמַּה שֶּׁנֶּאֱמַר בַּקּוּנְטְרֵס הַזֶּה יָבִיא לָהֶם תּוֹעֶלֶת בְּסִיַּעְתָּא דִשְׁמַיָּא מֵהָרֶגַע הָרִאשׁוֹן שֶׁל כְּלוּלוֹתֵיהֶם, גַּם כַּאֲשֶׁר חֲשִׁיבוּת הַדְּבָרִים אֵינָהּ נְהִירָה לָהֶם עֲדַיִן. לָכֵן

Introduction

This essay was written with help from Hashem for the benefit of Chatanim who are students of Torah who want to prepare themselves as they approach their marriage. The purpose of this essay is to give them the guidance by which they will be able to build their homes in the way of Torah – which is – "Her ways are ways of pleasantness, and all of her pathways are peace."[2]

In order to build a home from its inception on a pathway of pleasantness the Chatan must prepare himself to learn very well what his job is in building a home, to know well his obligations relative to his future wife, and most importantly to recognize and learn to be sensitive to her nature and her aspirations. He must recognize the challenges of life that are most likely to arise between a husband and wife in order to prevent them, and if they should arise to be prepared to deal with them in order to remove them before they become entrenched.

This essay will also help couples who have been married for many years. More than this, with Hashem's help in reading this essay these couples will gain an immediate practical benefit from understanding their role in their relationship. However, because of their immaturity Chatanim do not yet recognize their new role and the new experiences which await them. For them many of the topics in this essay are "solutions," even before they are aware of the problem, and so they cannot yet properly understand them. Therefore, the Chatanim must understand that they will benefit very much from what is written in this essay from the very first moment

---

2. Based on the pasuk in Mishle (3:17) which is discussing Torah. (Rabbi Yosef Baraka)

עֲלֵיהֶם לִקְרֹא כָּל פֶּרֶק בְּשִׂימַת לֵב, וּלְעֵת עַתָּה לְהַכְנִיס אֶת הַדְּבָרִים אֶל זִכְרוֹנָם וְאֶל לִבָּם פְּנִימָה, כְּדֵי שֶׁיּוּכְלוּ לְהִשְׁתַּמֵּשׁ בָּהֶם בְּבוֹא הַזְּמַן, וּלְהָפִיק מֵהֶם אֶת הַתּוֹעֶלֶת הַמֵּירַבִּית בְּסִיַּעְתָּא דִשְׁמַיָּא.

אָמְרוּ לִי אַבְרֵכִים שֶׁשָּׁמְעוּ אֶת שִׂיחוֹתַי לַחֲתָנִים, שֶׁכַּאֲשֶׁר שָׁמְעוּ אֶת הַדְּבָרִים חָשְׁבוּ בְּלִבָּם - "אֲנִי לֹא זָקוּק לְהַדְרָכוֹת אֵלֶּה, אֶצְלִי לֹא יִתְעוֹרְרוּ בְּעָיוֹת אֵלֶּה". אוּלָם אַחֲרֵי נִשּׂוּאֵיהֶם רָאוּ אֶת הַתּוֹעֶלֶת הָרַבָּה שֶׁהֵבִיא לָהֶם כָּל הַנֶּאֱמָר בְּשִׂיחוֹת אֵלֶּה.

בְּוַדַּאי אֶפְשָׁר לָבוֹא לִידֵי רֹב יְדִיעַת הַדְּבָרִים שֶׁנֶּאֱמָרִים כָּאן אַחֲרֵי הַלִּמּוּד מֵהַנִּסְיוֹנוֹת, הַכִּשְׁלוֹנוֹת וְהַהַצְלָחוֹת בְּמֶשֶׁךְ הַשָּׁנִים, וַהֲרֵי "אֵין חָכָם כְּבַעַל הַנִּסָּיוֹן". וְ"אֵין אָדָם עוֹמֵד עַל דִּבְרֵי תּוֹרָה אֶלָּא אִם כֵּן נִכְשַׁל בָּהֶם" (גִּטִּין מ"ג ע"א) (לְצַעֲרֵנוּ רָאִינוּ כְּסִילִים שֶׁגַּם מֵהַנִּסָּיוֹן וְהַכִּשָּׁלוֹן אֵין לוֹמְדִים - "כְּכֶלֶב שָׁב עַל קִיאוֹ כְּסִיל שׁוֹנֶה בְּאִוַּלְתּוֹ" [מִשְׁלֵי כ"ו י"א]). אֲבָל יֵשׁ דֶּרֶךְ מַצְלִיחָה יוֹתֵר - לְהִתְכּוֹנֵן מֵרֹאשׁ וְלִלְמֹד אֶת הַדְּרָכִים שֶׁעַל יָדָם מִתְּחִלָּה יִמָּנְעוּ הַקְּשָׁיִים, וְכָךְ לָבוֹא לִשְׁלֵמוּת הַבַּיִת כְּבָר בַּצְּעָדִים הָרִאשׁוֹנִים בִּתְחִלַּת הַנִּשּׂוּאִים.

אִם נִשְׁאַל: מָה יוֹם מִיּוֹמַיִם? לָמָּה הַיּוֹם זְקוּקִים לְהַדְרָכָה כֹּה רַבָּה, דָּבָר שֶׁלֹּא שָׁמַעְנוּ עָלָיו בַּדּוֹרוֹת שֶׁעָבְרוּ? מִסְפַּר תְּשׁוּבוֹת לַדָּבָר, נַזְכִּיר אֲחָדוֹת בְּקִצָּרָה. צְעִירֵינוּ לֹא עָבְרוּ אֶת הַקְּשָׁיִים שֶׁנִּתְנַסּוּ בָּהֶם צְעִירִים לִפְנֵי דּוֹר אוֹ שְׁנֵי דוֹרוֹת, לָכֵן הֵם מְחֻסָּנִים פָּחוֹת לַעֲמֹד בְּמַצָּבִים קָשִׁים. בִּזְמַנֵּנוּ, כַּאֲשֶׁר

of their marriage even though as of now the importance of these topics is not yet clear to them. Therefore, they have a responsibility to themselves and to their future wives to pay close attention to the content of each chapter, they should read through it and commit these words to their memory and their inner hearts so that they will be able to apply these lessons when the time comes and they encounter these kinds of situations, and with Hashem's help derive the maximum benefit from them.

Young married men who heard the lectures I gave to Chatanim have told me that when they heard them they thought to themselves "These lessons on married-life behavior are not relevant to me because these issues will never arise in my married life." However, after they were married they saw the great value of all of these lectures and how they benefitted from them.

Of course it is possible to obtain most of the knowledge gained from these lessons by experiencing the pitfalls in marriage directly from life's lessons, from the failures and successes that come over the course of years, as was said (Gemara Gittin 43a) "There is no wise person like the person who has endured life's challenges," and "no man understands the words of Torah unless he first stumbles in them." (Yet sadly we see fools who don't even learn from life's tests and failures [Mishle 26:11] "Like a dog who returns to his vomit, a fool repeats his foolishness"). However, there is a better way to succeed in a marriage relationship, and that is to prepare for it in advance and learn techniques that will prevent the onset of conflict before conflict occurs and thus come to a state of a wholesome relationship from the very inception of their marriage.

And if you ask "What is so different about this generation that it needs direction, something that we've never before heard of in earlier generations?!" There are several answers to this question and I will briefly mention some of them. Our young people have never experienced the hardships of life that tested the youth in the previous generation or in the generations prior to it, therefore, they are less prepared to endure hardship. In our current generation when everything develops at a rapid pace people look for quick

קונטרס וידעת כי שלום אהלך

הַכֹּל מִתְפַּתֵּחַ בִּמְהִירוּת - מְצַפִּים לְפִתְרוֹנוֹת מְהִירִים, וְאֵינָם רוֹצִים לְהִתְאַזֵּר בְּסַבְלָנוּת. רְגִילִים עַל יְדֵי רוּחַ הַמּוֹתָרוֹת, שֶׁלְּדַאֲבוֹנֵנוּ, בְּמִדָּה מְסֻיֶּמֶת שׁוֹלֶטֶת גַּם אֶצְלֵנוּ, לְנוֹחִיּוּת וּלְפִתְרוֹנוֹת קַלִּים, וְאֵין מוּכָנִים לִסְבֹּל וּלְהַבְלִיג, עַד שֶׁבְּמֶשֶׁךְ הַזְּמַן יִמְצְאוּ אֶת הַפִּתְרוֹן. אִם זוּג צָעִיר מְקַבֵּל כָּל טוּב מֻגָּשׁ עַל מַגָּשׁ שֶׁל כֶּסֶף, הַדָּבָר מַגְדִּיל אֶת הָאֱנֹכִיּוּת ("הַכֹּל מַגִּיעַ לִי"), וּמְצַמְצֵם אֶת הָרָצוֹן לַעֲשׂוֹת לְמַעַן בֶּן אוֹ בַּת הַזּוּג, וּמַקְטִין אֶת הַמּוּכָנוּת לְוִתּוּרִים. לָכֵן מְטְעָמִים אֵלֶּה חֲשׁוּבָה הַיּוֹם הַהַדְרָכָה לִפְנֵי הַנִּשּׂוּאִין, וְהַנִּסָּיוֹן הוֹרָה שֶׁמְּבִיאָה הַרְבֵּה תּוֹעֶלֶת בְּעֶזְרַת ה' יִתְבָּרַךְ.

מַטְּרַת הַקּוּנְטְרֵס הִיא בָּרֹאשׁ וּבָרִאשׁוֹנָה לְהַרְאוֹת אֶת הַדְּרָכִים אֵיךְ יְחַנֵּךְ הָאָדָם אֶת עַצְמוֹ לִקְרַאת הַתַּפְקִיד הַנַּעֲלֶה שֶׁל כִּנּוּן שְׁלוֹם הַבַּיִת - הַבַּיִת הַמֻּשְׁלָם, וְאֵין לְצַפּוֹת לִצְרוֹר שֶׁל עֵצוֹת טוֹבוֹת: אִם מִתְעוֹרֶרֶת בְּעָיָה זוֹ - עֲשֵׂה כָּךְ וּפָתַרְתָּ אֶת הַבְּעָיָה. עָלֵינוּ לָדַעַת כִּי רֹב הַקְּשָׁיִים שֶׁל שְׁלוֹם בַּיִת נוֹבְעִים מִתּוֹךְ טִבְעוֹ שֶׁל הָאָדָם, מִדּוֹתָיו וּתְכוּנוֹתָיו, וְאִם כֵּן הַפִּתְרוֹן מֻשְׁרָשׁ בְּשִׁפּוּר טִבְעוֹ, מִדּוֹתָיו וּתְכוּנוֹתָיו. בְּוַדַּאי לֹא קַל לְהִשְׁתַּנּוֹת, אֲבָל זוֹהִי מְשִׂימַת חַיֵּינוּ כְּדִבְרֵי הַגְּרָ"א זַצַ"ל: "כָּל עֲבוֹדַת ה' תָּלוּי בְּתִקּוּן הַמִּדּוֹת... וְכָל הַחֲטָאִים מֻשְׁרָשִׁים בַּמִּדּוֹת... עִקַּר חַיּוּת הָאָדָם הוּא לְהִתְחַזֵּק תָּמִיד בְּמִדּוֹת. וְאִם לָאו - לָמָּה לוֹ חַיִּים" [אֶבֶן שְׁלֹמֹה פ"א סִימָן א"ב].

יֵאָמֵר מֵרֹאשׁ: רֹב רֻבָּם שֶׁל הַחִיּוּבִים וְדַרְכֵי הַהִתְיַחֲסוּת בֵּין אִישׁ לְאִשְׁתּוֹ הֵן הֵן אוֹתָן הַמַּעֲלוֹת וְהַמִּצְווֹת שֶׁנֶּאֶמְרוּ בֵּין אָדָם לַחֲבֵרוֹ, אֶלָּא כָּאן אֵין הֵם רַק בְּגֶדֶר מַעֲלָה, אֶלָּא בְּגֶדֶר

A Peaceful Home

Introduction

and easy answers and don't want to apply themselves patiently. Because of the climate of luxury \ self-gratification – which to our great dismay is prevalent even in our circles to a certain degree – we have become accustomed to comfort and easy solutions and are not prepared to endure and suffer in silence until with time they will find a satisfactory solution. If a young couple has everything it needs served to them on a silver platter it only serves to enlarge their ego ("I deserve everything"); it limits their will to do something purely for the sake of their spouse and their readiness to compromise diminishes even when they are really in the right. Because of these reasons it is so important today to give instruction before marriage as experience has proven that with the help of Hashem Yitbarach this will result in a great benefit.

First before anything else the purpose of this essay is to demonstrate the ways by which a person can educate himself as he approaches the elevated goal of establishing a home that is harmonious and happy - a marriage relationship that is complete. Don't expect a treasure trove of good solutions from this essay, that if such and such a problem arises, do 'this' and your problem will be solved. We should understand clearly that a majority of issues of Shalom Bayit stem from a person's nature, his character habits and his personality. That being so, the source of the solution originates from improving his nature, his character traits and his personality. Obviously it is not easy to change, but that is our life's-task, as was said by the Gra *ZT"L* (Ehven Shlomo 1:1-2) "All of a person's entire service to Hashem is contingent on perfecting his character traits…and all sins have their roots in character traits…the main life's-purpose of a person is to constantly strive to improve his character traits, and if not – what is the purpose of his life?!"

From the very outset we will say that the great majority of the responsibilities and the attitude in a relationship between a husband and his wife are the very same interpersonal qualities and mitzvot that are appropriate between a man and his fellow Jew, except that here in this relationship between husband and wife they are not merely proper but rather they are in the category of the mandatory obligations of a husband to his wife, as will be explained further

חִיּוּבִים הַמֻּטָּלִים עַל הָאִישׁ, כְּפִי שֶׁיְּסֻבַּר לְהַלָּן. וְאִם אֵינוֹ מְמַלֵּא אוֹתָם - הֲרֵי הוּא פּוֹגֵעַ וּפוֹגֵם בְּאִשְׁתּוֹ. לָכֵן עִקַּר הָעֲבוֹדָה שֶׁל כִּנּוּן הַבַּיִת הִיא לְהִשְׁתַּלֵּם בְּמַעֲלוֹת וּבְמִדּוֹת שֶׁבֵּין אָדָם לַחֲבֵרוֹ. וַדַּאי זוֹ עֲבוֹדָה קָשָׁה, וּכְבָר אָמַר הַגְּרִי"ס זַצַ"ל שֶׁיּוֹתֵר קַל לִגְמֹר אֶת כָּל הַשַּׁ"ס מֵאֲשֶׁר לְשַׁנּוֹת מִדָּה אַחַת.

אוּלָם הַתּוֹרָה וְרַזַ"ל עָזְרוּ לָנוּ בְּשִׁנּוּי וְשִׁפּוּר מִדּוֹתֵינוּ, כַּאֲשֶׁר אָנוּ מַתְחִילִים לִבְנוֹת אֶת בֵּיתֵנוּ. הַתּוֹרָה נָתְנָה לָנוּ אֶת הַמִּצְוָה "וְשִׂמַּח אֶת אִשְׁתּוֹ אֲשֶׁר לָקָח". כַּאֲשֶׁר יֵשׁ מִצְוָה - יֵשׁ גַּם סִיַּעְתָּא דִּשְׁמַיָּא לְקִיּוּם הַמִּצְוָה, שֶׁנּוּכַל לָצֵאת מֵהָאֶנֹכִיּוּת וּלְהַקְדִּישׁ תְּשׂוּמַת לֵב לָאִשָּׁה וּלְשִׂמְחָהּ, נְתִינַת הַמִּצְוָה שֶׁל שִׁבְעַת יְמֵי מִשְׁתֶּה, שֶׁבָּהֶם אָסוּר הַבַּעַל בִּמְלָאכָה, כְּדֵי שֶׁלֹּא יַסִּיחַ אֶת דַּעְתּוֹ מִלְּשַׂמֵּחַ אֶת אִשְׁתּוֹ.

עַל יְדֵי הַמִּצְוָה לְשַׂמֵּחַ חָתָן וְכַלָּה עוֹזֵר לָהֶם הַצִּבּוּר לְהַשְׁרוֹת אֲוִירָה שֶׁל שִׂמְחָה. בְּמַצָּב שֶׁל שִׂמְחָה יְכוֹלוֹת לְהִתְפַּתֵּחַ הַמִּדּוֹת הַטּוֹבוֹת, כִּי שִׂמְחָה פּוֹתַחַת אֶת הַלֵּב. מְרוֹמְמִים אֶת הֶחָתָן - הוּא דּוֹמֶה לְמֶלֶךְ - וּמְשַׁבְּחִים אוֹתוֹ כְּדֵי לְהַדְגִּישׁ אֶת הַמַּעֲלוֹת הַטּוֹבוֹת הַטְּמוּנוֹת בּוֹ, שֶׁהוּא מְסֻגָּל וְצָרִיךְ לְפַתְּחָם. לֶחָתָן וְלַכַּלָּה מוֹחֲלִים אֶת כָּל הָעֲוֹנוֹת, כְּדֵי שֶׁיּוּכְלוּ לִפְתֹּחַ דַּף חָדָשׁ בְּחַיֵּיהֶם וּלְהִשְׁתַּנּוֹת לְטוֹבָה.

בְּאוֹתָם יָמִים שֶׁל שִׂמְחָה כָּל אֶחָד מִבְּנֵי הַזּוּג רוֹצֶה לִגְרֹם שִׂמְחָה וְנַחַת רוּחַ לְרֵעֵהוּ. וְכָךְ הָיָה נוֹהֵג לוֹמַר מו"ר הגה"צ רא"א דֶּסְלֶר זַצַ"ל לִבְנֵי הַזּוּג בְּעֵת שִׂמְחַת כְּלוּלוֹתָם [מִכְתָּב

on, and if he does not fulfill these responsibilities he is slighting his wife and damaging her. Therefore the main effort for establishing a family is in the perfection of interpersonal attitudes and character traits. This is certainly not an easy task, as the Gaon Rabbi Yisrael Salanter *ZT"L* said that it is easier to complete the learning of the entire Shas than to change one personality trait.

However, the Torah and our Rabbis *Z"L* help us change and refine our character when we embark on building a family. The Torah gives us the mitzvah (Devarim 24:5) "and you shall make happy the woman you took as your wife." And when there is a mitzvah – there is also help from Shamayim to implement the fulfillment of the mitzvah - that we should be able to mature and emerge out of a self-centered mindset and devote our attention to a wife and make her happy. The entire reason for the mitzvah of Seven Days of Wedding Celebration during which time the husband is not permitted to do any work is for him not to lose his focus and thought on pleasing his wife and making her happy.

Through the mitzvah of making the groom and bride happy – meaning, the mitzvah of Seven Days of Wedding Celebration - the entire community helps the new couple to endow their relationship with an atmosphere of happiness, and in this atmosphere of happiness good and pleasant personality traits will be able to develop in the couple's relationship because happiness opens up one's heart. We elevate the Chatan – who is comparable to a king, particularly in his responsibility to his new wife – and we praise him in order to emphasize the good qualities that reside latent within him which he is capable of developing and needs to develop. The sins of a groom and bride are all forgiven in order for them to open a new page in their lives and change for the good.

During those days of Simcha the groom and bride each wants to make their spouse happy and give each other a sense of pleasure. In this sense our teacher and rabbi, the Tzadik Gaon Rabbi Eliyahu Dessler *ZT"L* would tell the couple during this period of the Seven Days of Wedding Celebration (referencing his sefer Michtav M'Eliyahu, volume 1, page 39) "My dear precious ones, be very

הרב חיים פרידלנדר
קונטרס וידעת כי שלום אהלך

הַקְדָּמָה

מֵאֵלִיָּהוּ ח"א עַמּוּד 39]: הִזָּהֲרוּ יְקָרִים, שֶׁתָּמִיד תִּשְׁאֲפוּ לְהַשְׂבִּיעַ נַחַת זֶה לָזֶה, כַּאֲשֶׁר תַּרְגִּישׁוּ בָּהֶם בְּשָׁעָה זוֹ. וּדְעוּ לָכֶם אֲשֶׁר בָּרֶגַע שֶׁתַּתְחִילוּ לִדְרֹשׁ דְּרִישׁוֹת זֶה מִזֶּה, הִנֵּה כְּבָר אָשְׁרְכֶם מִכֶּם וָהָלְאָה".

הַמִּפְנֶה הוּא גָּדוֹל. בָּחוּר יְשִׁיבָה חַי בְּעִקָּר עִם עַצְמוֹ, וְאֵינוֹ מַרְגִּישׁ מַסְפִּיק עַל הַדְּאָגָה לַזּוּלַת. עַכְשָׁו הוּא צָרִיךְ לְשַׁנּוֹת אֶת הַכִּוּוּן וְלִדְאֹג לְאִשְׁתּוֹ, לְצָרְכֶיהָ הַחָמְרִיִּים וְהַנַּפְשִׁיִּים. מִפְנֶה זֶה דּוֹרֵשׁ תְּשׂוּמַת לֵב לְשִׁפּוּר הַמִּדּוֹת, בְּעִקָּר לָצֵאת מֵהַמַּעְגָּל הַצַּר שֶׁל הָאֱנֹכִיּוּת, וּלְסַגֵּל לְעַצְמוֹ אֶת מִדַּת הַחֶסֶד - הַדְּאָגָה לַזּוּלַת. כָּל שִׁפּוּר בְּמִדּוֹתֵינוּ מֵבִיא לְצַעַד נוֹסָף שֶׁל שִׁפּוּר חַיֵּינוּ הַמְשֻׁתָּפִים בַּבַּיִת אֲשֶׁר אָנוּ מְקִימִים בְּעֶזְרַת ה'. הַדֶּרֶךְ הִיא אֲרֻכָּה, וְגַם עַל זֶה נֶאֱמַר: "הַמְּלָאכָה מְרֻבָּה, וְאִי אַתָּה בֶּן חוֹרִין לְהִפָּטֵר מִמֶּנָּה".

קוּנְטְרֵס זֶה הוּא תַּמְצִית מֵהַשִּׂיחוֹת שֶׁמָּסַרְתִּי בְּעֶזְרַת ה' לִפְנֵי הַחֲתָנִים. קְדָמַנִי הגר"ש ווֹלְבֶּה שְׁלִיטָ"א בְּקוּנְטְרֶסוֹ הַמְצֻיָּן "מַאַמְרֵי הַדְרָכָה לַחֲתָנִים" שֶׁהָיָה לִי לְעֵינַיִם. אֶת הַמִּכְתָּב שֶׁל מָרָן הַחֲזוֹן אִי"שׁ זַצַ"ל הַמּוּבָא לְהַלָּן הֶעְתַּקְתִּי מִשָּׁם.

בִּתְקוּפָתֵנוּ דּוֹאֲגִים בָּרוּךְ ה' גַּם לְהַדְרָכַת הַכַּלּוֹת לִקְרַאת תַּפְקִידֵיהֶן בְּבִנְיַן הַבַּיִת. כַּמּוּבָן שֶׁאֵין זֶה מֵעִנְיַן הַקּוּנְטְרֵס הַזֶּה. יֻזְכַּר לְהַלָּן (בִּתְחִלַּת פֶּרֶק ד') שֶׁאֵין מִלּוּי תַּפְקִידֵי שְׁנֵיהֶם תָּלוּי בַּהֲדָדִיּוּת, אֶלָּא כָּל אֶחָד צָרִיךְ לִשְׁאֹף לִשְׁלֵמוּת בְּהַנְהָגוֹת הַבַּיִת מִתּוֹךְ הַשְּׁאִיפָה לִשְׁלֵמוּת בַּעֲבוֹדַת ה' יִתְבָּרַךְ.

careful to constantly strive to give each other a sense of pleasure just as you feel now at this moment. However, understand this clearly that **the moment you begin making demands** of each other, that is the starting point of diminishing the happiness in your marriage relationship."

The change is dramatic. A young man in yeshiva lives essentially only for himself and has not experienced in any significant way the responsibilities of caring for someone else. Now he must change his direction and care for his wife; both her physical needs and her spiritual needs. This change requires him to pay close attention to improving his character traits, mainly to emerge from the circle of egoism - caring only about himself - and acquire for himself the character trait of Chessed, which is caring-worrying about someone besides himself. Each self-improvement in character development is another step in the improvement of the relationship of married life and in building a family with Hashem's help. The road is long, and regarding this Chazal have said (Pirkei Avot 2:15-16) "There is much work to be done and you are not exempt from it."

This essay is a collection of the lectures that with the help of Hashem I delivered to Chatanim. Rabbi Shlomo Wolbe *ZT"L* preceded me in his excellent Kuntres entitled "Essays of instruction to Chatanim" which I've used in preparing this essay. The letter on this topic written by our teacher the Gaon Chazon Ish *ZT"L* which appears further on in this Kuntres is copied from Rabbi Wolbe's Kuntres.

Although nowadays, thank G-d, we are concerned about directing the Kallah in her marital responsibilities in building a family, **that is not the subject of this essay. (This essay is an emphatic instruction to the Chatan in his responsibility towards his wife).** Further on at the beginning of the fourth chapter we will develop the idea that the fulfillment of the mutual responsibilities of the Chatan and Kallah are not dependent one on the other (meaning, if one's wife doesn't fulfill her obligations to her husband that does not exempt him from fulfilling his obligations to her), rather each partner must strive to perfect their behavior within this relationship as part of a desire for perfection in their service to Hashem Yitbarach.

פֶּרֶק רִאשׁוֹן

מאמר א.

אֶעֱשֶׂה לּוֹ עֵזֶר כְּנֶגְדּוֹ

אִם אָנוּ רוֹצִים לָדַעַת אוֹדוֹת מַהוּת הַבַּיִת וְהַיַּחַס בֵּין אִישׁ לְאִשְׁתּוֹ - אָנוּ צְרִיכִים לִלְמֹד אֶת פָּרָשַׁת בְּרִיאַת הָאִשָּׁה.

"**לֹא** טוֹב הֱיוֹת הָאָדָם לְבַדּוֹ אֶעֱשֶׂה לּוֹ עֵזֶר כְּנֶגְדּוֹ" [בְּרֵאשִׁית ב' י"ח]. שׁוֹאֵל הָרַמְבַּ"ן: "אֵינֶנּוּ נִרְאֶה שֶׁנִּבְרָא הָאָדָם לִהְיוֹת יְחִידִי בָּעוֹלָם וְלֹא יוֹלִיד, שֶׁכָּל הַנִּבְרָאִים זָכָר וּנְקֵבָה מִכָּל בָּשָׂר נִבְרְאוּ לְהָקִים זֶרַע, וְגַם הָעֵשֶׂב וְהָעֵץ זַרְעָם בָּהֶם. אֲבָל יִתָּכֵן לוֹמַר, כִּי הָיָה כְּדִבְרֵי הָאוֹמֵר [עֵרוּבִין י"ח ע"א] דּוּ פַּרְצוּפִים נִבְרְאוּ, וְנַעֲשׂוּ שֶׁיִּהְיוּ בָּהֶם טֶבַע מֵבִיא בְּאֵיבְרֵי הַהוֹלָדָה מִן הַזָּכָר אֶל הַנְּקֵבָה כֹּחַ מוֹלִיד... וְהָיָה הַפַּרְצוּף הַשֵּׁנִי עֵזֶר לָרִאשׁוֹן בְּתוֹלַדְתּוֹ. וְרָאָה הַקָּבָּ"ה כִּי טוֹב שֶׁיִּהְיֶה הָעֵזֶר עוֹמֵד לְנֶגְדּוֹ, וְהוּא יִרְאֶנּוּ, וְיִפָּרֵד מִמֶּנּוּ, וְיִתְחַבֵּר אֵלָיו כְּפִי רְצוֹנוֹ. וְזֶהוּ שֶׁאָמַר 'אֶעֱשֶׂה לּוֹ עֵזֶר כְּנֶגְדּוֹ'".

אִם כֵּן הַהַדְגָּשָׁה אֵינָהּ עַל "עֵזֶר", כִּי הָיָה לוֹ עֵזֶר צָמוּד לוֹ, אֶלָּא עַל "כְּנֶגְדּוֹ" - שֶׁתַּעֲמֹד מוּלוֹ כִּבְרִיאָה נִפְרֶדֶת. וְהַבְּחִירָה הִיא לְקָרְבָהּ אֵלָיו, אוֹ חַס וְשָׁלוֹם לְרַחֲקָהּ. מַה שֶּׁהָיָה בַּתְּחִלָּה מֵעֶצֶם טִבְעָם - שֶׁהָיוּ צְמוּדִים יַחַד, צָרִיךְ לְהֵעָשׂוֹת עַכְשָׁו עַל

Chapter 1 - Lesson 1

I will create a helpmate for him.

If we want to clearly understand the topic of the essence of a marital relationship and the relationship between a man and his wife we must first learn the Torah's topic of the creation of the woman.

(Beresheet 2:18) "It is not good for a man to be by himself, I will make a partner for him who will be his helping counterpart." Regarding this pasuk the RambaN asks "It doesn't seem likely that man was initially created as a unique being in the world without a partner and without being able to produce offspring, since everything among living creatures was created as male and female in order to produce offspring. Even grass and trees contain seed and produce offspring?!" But it is possible to say something that is consistent with the opinion (in Gemara Eruvin 18a) that man was created as a single entity with two façades, front and back, and within his body was the ability to naturally transfer fertilization from his male side to his female side which would subsequently give birth to a child... and the second side would help its counterpart side to give birth. HaKadosh Baruch Hu 'saw' that it would be good if his helpmate stood opposite him, that he would see her and that she would be separate and distinct from him, and he would join together with her as he desired. This is the meaning of "Let us make a helpmate who would stand **opposite him,** independently as his counterpart"."

That being so, the emphasis is not on "helpmate," as she already was a helpmate who was attached to him, the emphasis is on "opposite him," that she should stand opposite him as an independent creation, and he would have the ability to choose to either bring her close to him or, G-d forbid, to distance her from him. The bonding together that existed as a result of their nature at the initial moment of their

יְדֵי עֲבוֹדַת הָאָדָם, עַד "וְהָיוּ לְבָשָׂר אֶחָד". "וְהָיוּ" - זוֹ מַטְּרַת עֲבוֹדָתָם.

וְיֵשׁ לִשְׁאֹל: לָמָּה לֹא טוֹב הוּא לִהְיוֹת הָאָדָם לְבַדּוֹ, וְהָעֵזֶר יִהְיֶה צָמוּד לוֹ, וְיִהְיוּ גּוּף אֶחָד, כְּפִי שֶׁפֵּרֵשׁ הָרַמְבַּ"ן. הַאִם טוֹב יוֹתֵר לִהְיוֹת זָקוּק לְעֵזֶר, שֶׁהוּא אָדָם אַחֵר, בְּנִפְרָד מִמֶּנּוּ? הֲרֵי כָּל אָדָם שׁוֹאֵף מֵעֶצֶם טִבְעוֹ לְעַצְמָאוּת, וְאֵינוֹ רוֹצֶה לִהְיוֹת תָּלוּי בַּאֲחֵרִים. כְּבָר מִקַּטְנוּתוֹ רוֹצֶה הַיֶּלֶד לָלֶכֶת בְּעַצְמוֹ וְלֶאֱכֹל בְּעַצְמוֹ, בְּלִי שֶׁיַּעַזְרוּ לוֹ. וְכָךְ הָאָדָם לְכָל אֹרֶךְ הַדֶּרֶךְ שׁוֹאֵף לְעַצְמָאוּת[3], אִם בְּלִמּוּדוֹ, אִם בְּמִסְחָרוֹ וְאִם בְּכָל מַצְּבֵי הַחַיִּים.

בֵּאוּר הַדָּבָר הוּא, אֵין הָאָדָם יָכוֹל לִהְיוֹת "טוֹב", אִם הוּא לְבַדּוֹ. "מֵחֹק הַטּוֹב לְהֵיטִיב" [דַּעַת תְּבוּנוֹת עַמּוּד ד'] וּכְכָל שֶׁהָאָדָם מֵטִיב יוֹתֵר - בַּעֲשֶׂה הוּא יוֹתֵר טוֹב. עַל כֵּן בָּרָא וְחִלֵּק ה' יִתְבָּרַךְ אִישׁ וְאִשָּׁה לִשְׁנֵי בְּנֵי אָדָם, כְּדֵי שֶׁיּוּכְלוּ לְהֵיטִיב זֶה עִם זֶה, וְיַעֲלוּ בְּמַעֲלַת הַטּוֹב. לָכֵן צָרִיךְ לִהְיוֹת הָעֵזֶר מוּלוֹ, כְּדֵי שֶׁיֵּיטִיב עִמָּהּ, וְעַל יְדֵי זֶה יְקָרֵב אוֹתָהּ אֵלָיו. מִכָּאן אָנוּ לְמֵדִים שֶׁהַבַּיִת נִבְנֶה עַל יְסוֹדוֹת הַחֶסֶד, וְזוֹ הִיא עִקַּר חוֹבָתָם שֶׁל בְּנֵי הַזּוּג - לִשְׁאֹף לְהֵיטִיב זֶה עִם זֶה. וְאִם נִשְׁאַל, הֲרֵי הָרַמְבַּ"ן אוֹמֵר, כְּשֶׁהָיוּ דּוּ פַּרְצוּפִין גַּם הָיוּ מוֹלִידִים וּמִתְרַבִּים, וְאִם כֵּן הָיְתָה אֶפְשָׁרוּת לְהֵיטִיב זֶה עִם זֶה?!

3. הַסַּבָּא מִקֶּלֶם זַצַ"ל אָמַר לְעֵת זִקְנוּתוֹ, כַּאֲשֶׁר מֵחֲמַת חֻלְשָׁתוֹ הָיָה זָקוּק לְעֶזְרָה, שֶׁהוּא אִבֵּד עַל יְדֵי זֶה חֲצִי מִטַּעַם הַחַיִּים.

creation must now be created through their own efforts to the point where they are once again (Beresheet 2:24) "and they will be as one flesh;" this is what the text says 'and they will be together,' as this is the ultimate goal of their work.

One can ask – Why isn't it good for man to be a single entity with his helpmate connected to him in one body as the RambaN explained? Is it better for him to be reliant on a helpmate who is an independent entity separate from him?! We know that it is the natural desire of every person to be independent and not have to rely on others. Already from his infancy a child wants to walk by himself and to feed himself without anyone helping him. So too an adult, throughout his life he wants to be free, to be independent,[3] whether it be in his learning or in his business, or in any other aspect of his life.

The explanation is as follows: A man cannot be "good" if he is alone by himself because part of the essence of good is to do good to others (Da'at Tevunot, page 4), and the more a person does good to others the more good he himself becomes. Therefore, Hashem Yitbarach created and divided man and woman into two distinct entities in order that each one could do good to the other and elevate themselves to higher levels of goodness. That is why his helpmate has to be opposite him (and not physically attached to him) in order for him to do "good" to her and in so doing bring her closer to him. From this we learn that a marriage relationship is built on a foundation of Chessed, and that is the main obligation of a couple – for each one to yearn to do good to the other. And should a person ask – the RambaN says that even as one entity with two façades man could give birth to children and multiply, and that being so it is still possible to do Chessed to others (to the children) even in that state?!

---

3. The Saba from Kelm ZT"L in his old age, when he needed the help of others because of his weakness said that in losing some of his independence he lost half of the enjoyment of life.

כָּאן אָנוּ מַגִּיעִים לִנְקֻדָּה חֲשׁוּבָה וִיסוֹדִית בְּיַחַס וּבְחִיּוּבִים שֶׁבֵּין אִישׁ לְאִשְׁתּוֹ. חִיּוּב הַחֶסֶד שֶׁבֵּין אָדָם לַחֲבֵרוֹ הוּא מִצְוָה וּמַעֲלָה גְּדוֹלָה, אוּלָם אִם אָדָם מְמַעֵט בַּעֲשִׂיַּת חֶסֶד - אָמְנָם חָסֵר בְּמַעֲלָתוֹ, אֲבָל אֵינוֹ פּוֹגֵעַ וּפוֹגֵם בְּזוּלָתוֹ, וּבְוַדַּאי יִמָּצְאוּ אֲחֵרִים שֶׁיְּמַלְּאוּ אֶת הַחֶסֶר שֶׁהוּא הֶחֱסִיר בַּהֲטָבָה. מַה שֶּׁאֵין כֵּן בְּחִיּוּבֵי הַחֶסֶד שֶׁבֵּין אִישׁ לְאִשְׁתּוֹ, אֲשֶׁר הֵם מֻטָּלִים אַךְ וְרַק עָלָיו, כְּפִי שֶׁהַתּוֹרָה מַדְגִּישָׁה - "שְׁאֵרָהּ כְּסוּתָהּ וְעוֹנָתָהּ לֹא יִגְרָע" [שְׁמוֹת כ"א י']. הָרַמְבַּ"ן מְפָרֵשׁ אֶת חִיּוּב שְׁאֵרָהּ לֹא כְּחִיּוּב מְזוֹנוֹת, כְּפִי שֶׁפֵּרְשׁוּ רַשִׁ"י וַאֲחֵרִים, אֶלָּא כְּחִיּוּב סִפּוּק צְרָכֶיהָ הַנַּפְשִׁיִּים הַמֻּטָּלִים עַל בַּעְלָהּ. יֻסְבַּר לְהַלָּן שֶׁהָאִשָּׁה תְּלוּיָה בְּבַעְלָהּ לֹא רַק בִּצְרָכֶיהָ הַגַּשְׁמִיִּים, אֶלָּא גַּם בִּצְרָכֶיהָ הַנַּפְשִׁיִּים. וְאִם הַבַּעַל אֵינוֹ מְמַלֵּא אֶת חוֹבוֹתָיו כְּלַפֶּיהָ - הוּא פּוֹגֵעַ וּפוֹגֵם בָּהּ, וְהִיא מַרְגִּישָׁה אֶת עַצְמָהּ מֻשְׁפֶּלֶת. לָכֵן יֵשׁ בַּבַּיִת אֶתְגָּרִים וְתַפְקִידִים שֶׁל עֲשִׂיַּת חֶסֶד וְהִשְׁתַּלְּמוּת בְּמַעֲלוֹת הַחֶסֶד גְּדוֹלִים הַרְבֵּה יוֹתֵר מֵאֲשֶׁר בֵּין אָדָם לַחֲבֵרוֹ. בַּבַּיִת קַיֶּמֶת הַהִזְדַּמְּנוּת הַמֻּשְׁלֶמֶת לִהְיוֹת טוֹב, וּלְהִשְׁתַּלֵּם בְּמַעֲלַת הַטּוֹב - לְהֵיטִיב. הַבַּיִת הוּא בֵּית הַסֵּפֶר לְהִשְׁתַּלְּמוּת בְּטוֹב בְּמֶשֶׁךְ כָּל הַיְמָמָה בְּכָל אִישִׁיּוּתוֹ, הֵן בְּגוּפוֹ וְהֵן בְּנַפְשׁוֹ. טְמוּנוֹת בּוֹ אֶפְשָׁרֻיּוֹת גְּדוֹלוֹת, אֲבָל גַּם סַכָּנוֹת גְּדוֹלוֹת לְהִכָּשֵׁל בְּמִלּוּי הַתַּפְקִידִים שֶׁהַבַּיִת מַטִּיל עָלֵינוּ, אִם לֹא נִתְכּוֹנֵן כָּרָאוּי לִקְרַאת בִּנְיַן הַבַּיִת.

Rabbi Chayim Friedlander
A Peaceful Home
Chapter 1 - Lesson 1

Here we come to an important and fundamental understanding in the relationship and obligations of a husband to his wife. The interpersonal obligation of Chessed between a man and his friend is a mitzvah and a great virtue. Yet if a man chooses to lessen the Chessed he does for his friend – although he is lacking in the level that he could attain – it does not affect or injure his friend, and with absolute certainty other people will be found who will extend Chessed and fulfill this friend's need. But that is not at all true of the obligations of a husband to do Chessed to his wife, **which are entirely and exclusively placed on the husband**, as the Torah emphasizes (Shemot 21:10) "He may not diminish her sustenance or clothing or marital relations." The RambaN explains that the husband's obligation not to diminish her sustenance does NOT refer to his obligation to provide her with food, as Rashi and other commentators explain, but rather as **his obligation to satisfy her emotional needs** which are placed on him. Further on we will explain that a wife is dependent on her husband not only for her physical needs but also for her emotional needs, and if a husband does not live up to his obligation to satisfy all of her needs, he affects her and injures her, and she feels herself as being lowly. Therefore, in the relationship between a husband his wife there are more challenges and responsibilities to do Chessed, and to perfect oneself in the levels of Chessed far greater than is possible between a person and his friend. Within a marriage relationship there is the perfect opportunity to be good and perfect oneself in the attribute of good – by doing "good." The home is a learning environment to perfect the virtue of "doing good" throughout the entire day with all of his being, with his body and with his soul. Within this relationship there are great opportunities to do good. However, there also are great dangers to fall short in fulfilling the responsibilities that a household places on us if we don't prepare ourselves appropriately as we approach the building of a home.

———— ℘ ————

מאמר ב.

כְּנֶגְדּוֹ - שׁוֹנָה מִמֶּנּוּ

הַסְּפוֹרְנוֹ מְפָרֵשׁ אֶת "כְּנֶגְדּוֹ": "כִּי הַנִּכְנָס לְכַף (= לְכַף מֹאזְנַיִם) נֶגֶד דָּבָר אַחֵר, כְּשֶׁיִּהְיֶה שָׁוֶה לוֹ בְּשֶׁקֶל (= בְּמִשְׁקָל) - יִהְיֶה נֶגְדּוֹ בְּקַו יָשָׁר". וּמְפָרֵשׁ שֶׁאִשָּׁה שָׁוָה לָאִישׁ בְּצֶלֶם וּדְמוּת "כִּי זֶה הֶכְרֵחִי לוֹ בִּידִיעַת צְרָכָיו וְהַמְצִיאָם בְּמוֹעֲדָם... אָמְנָם לֹא הָיָה רָאוּי שֶׁיִּהְיֶה הָעֵזֶר שָׁוֶה לוֹ לְגַמְרֵי, כִּי אָז לֹא הָיָה רָאוּי שֶׁיַּעֲבֹד וִישָׁרֵת אֶחָד מֵהֶם לַחֲבֵרוֹ". בְּ"כְנֶגְדּוֹ" מִתְבַּטֵּא אֵיפֹה הַצַּד הַשָּׁוֶה - מוּלוֹ, וְגַם הַשֵּׁנִי - שֶׁאֵינָהּ כְּמוֹתוֹ. מִתּוֹךְ הַשֹּׁנִי יְכוֹלִים לַעֲזֹר זֶה לָזֶה וּלְהַשְׁלִים זֶה אֶת זֶה. אִלּוּ הָיוּ שָׁוִים, לֹא הָיְתָה אֶפְשָׁרוּת לִתְרֹם לְזוּלָתוֹ מַה שֶּׁלֹּא הָיָה לוֹ בְּעַצְמוֹ.

כְּדֵי לָדַעַת אֵיךְ צָרִיךְ לְהִתְיַחֵס זֶה לָזֶה, צָרִיךְ לָדַעַת אֶת הַשֵּׁנִי, לָרֶדֶת לְסוֹף דַּעְתּוֹ שֶׁל הַשֵּׁנִי וּלְהַכִּיר אֶת תְּכוּנוֹתָיו הַשּׁוֹנוֹת. לָמַדְנוּ בַּפֶּרֶק הַקּוֹדֵם שֶׁבִּנְיַן הַבַּיִת מֻשְׁתָּת עַל מַעֲלַת הַחֶסֶד, וְהַחִיּוּבִים הַמֻּטָּלִים עַל בְּנֵי הַזּוּג הֵם חִיּוּבִים שֶׁל חֶסֶד. כְּדֵי לְהִתְחַסֵּד עִם הַזּוּלַת - הַתְּנַאי הָרִאשׁוֹן הוּא לְהַכִּיר אוֹתוֹ וְאֶת תְּכוּנוֹתָיו וְאֶת צְרָכָיו, שֶׁהֵם לְעִתִּים שׁוֹנִים מִצָּרְכֵי מַשְׁפִּיעַ הַחֶסֶד.

נֶאֱמַר בְּפָרָשַׁת הַחֶסֶד [שְׁמוֹת כ"ב, כ"ד]: "אִם כֶּסֶף תַּלְוֶה אֶת עַמִּי אֶת הֶעָנִי עִמָּךְ" וְכוּ'. אֶת הַמִּלָּה "עִמָּךְ" מְפָרֵשׁ רַשִׁ"י: "הִסְתַּכֵּל בְּעַצְמְךָ כְּאִלּוּ אַתָּה עָנִי". לָמָּה צָרִיךְ הַמַּלְוֶה

Chapter 1 - Lesson 2

Opposite him – different than him.

The Sforno explains "Opposite him" as "When something is weighed on one side of a scale (one side of a balance scale) opposite something else, if both are equal in weight the opposite one will be in a straight line with the first one." He continues to explain one's wife is equal to her husband in likeness and form "as it is absolutely necessary for him that his wife should know his needs and how to satisfy those needs in a timely way. However, it is not appropriate that his wife be equal to him in all ways because if that were so it would be inappropriate for one to work and serve the other." "Opposite him" is therefore an expression of duality in their relationship, an aspect that is common – next to him (meaning, on the same level), and an aspect that is different – she is not like him. It is because of this difference that each one is able to help the other and perfect each other. If they were the same, identical in all ways, they would not have the capacity to give each other something they themselves don't have.

In order for them to know how to relate to each other they must first know what their differences are; each one must delve into the mind of the other and identify the differences in their character traits. In the previous chapter we learned that the building of a marital relationship is based on the character trait of doing Chessed, and that the obligations that are incumbent on a couple are obligations of Chessed, to do good each one to the other. In order to do Chessed to someone else the very first imperative is to recognize him for who he is – his personality and needs – which at times are different than the needs of the one who is extending the Chessed.

The Torah addresses the topic of Chessed as (Shemot 22:24) "When you lend money to My people, to the poor among you." The words "among you" are explained by Rashi as "Look at yourself as though you were a poor person." Why should the lender look at himself as

לְהִסְתַּכֵּל עַל עַצְמוֹ כְּאִלּוּ הוּא הֶעָנִי? הֲרֵי דַּי לוֹ לָדַעַת כִּי הֶעָנִי זָקוּק לְהַלְוָאָה. אֶלָּא לִמְּדָה אוֹתָנוּ הַתּוֹרָה יְסוֹד גָּדוֹל בַּעֲשִׂיַּת חֶסֶד. הַמַּלְוֶה יָכוֹל לְהִתְיַחֵס לֶעָנִי בְּאֹפֶן נָכוֹן וּמְשֻׁלָּם, רַק אִם הוּא נִכְנָס לְנִבְכֵי הַנֶּפֶשׁ שֶׁל הֶעָנִי, וּמַרְגִּישׁ אֶת צָרְכֵי הֶעָנִי כְּאִלּוּ הֵן צָרְכֵי עַצְמוֹ. אִם כֵּן לְעִנְיָנֵנוּ הֲרֵי הַדְּבָרִים קַל וָחֹמֶר: הֲלֹא הֶעָנִי קָרוּץ מֵאוֹתוֹ חֹמֶר כְּמוֹ הֶעָשִׁיר, אֶלָּא הַנְּסִבּוֹת הֵן שׁוֹנוֹת. לָזֶה יֵשׁ כֶּסֶף, לָזֶה אֵין כֶּסֶף, וְזָקוּק הוּא לְחַסְדֵי הֶעָשִׁיר - וְאָמְרָה הַתּוֹרָה שֶׁהֶעָשִׁיר צָרִיךְ לְהִכָּנֵס לְנַפְשׁוֹ שֶׁל הֶעָנִי. כָּל שֶׁכֵּן שֶׁהַחִיּוּב מֻטָּל עַל הָאִישׁ לְהַכִּיר אֶת תְּכוּנוֹת נַפְשָׁהּ שֶׁל הָאִשָּׁה, שֶׁהֵן שׁוֹנוֹת בְּמַהוּתָן וְטִבְעָן, כְּדֵי שֶׁיּוּכַל לַעֲשׂוֹת עִמָּהּ חֶסֶד כְּפִי שֶׁהִיא זְקוּקָה לוֹ.

הָבָה נִלְמַד אֶת הַשֹּׁנִי בֵּין אִישׁ לְאִשָּׁה. שֹׁנִי זֶה בְּטִבְעָם וּתְכוּנוֹתֵיהֶם נוֹבֵעַ מִתַּפְקִידֵיהֶם הַשּׁוֹנִים זֶה מִזֶּה. הַקָּדוֹשׁ בָּרוּךְ הוּא מַתְאִים לְכָל אָדָם תְּכוּנוֹת לְפִי הַתַּפְקִיד שֶׁמַּטִּיל עָלָיו, כְּדֵי שֶׁיּוּכַל לְמַלֵּא אוֹתוֹ בִּיעִילוּת.

מאמר ג.

אִשְׁתִּי - בֵּיתִי

תַּפְקִידָהּ שֶׁל הָאִשָּׁה הוּא הַבַּיִת - לִדְאֹג לְצָרְכֵי הַבַּיִת. ר׳ יוֹסֵי אָמַר [שַׁבָּת קי״ח ע״ב]: ״לְעוֹלָם לֹא קָרָאתִי לְאִשְׁתִּי אִשְׁתִּי, אֶלָּא בֵּיתִי״. הוּא רָאָה אֶת חֲשִׁיבוּת הָאִשָּׁה בְּמִלּוּי תַּפְקִידָהּ

though he himself is the poor man? It is enough for him to know that the poor man is in need of a loan! Rather, the Torah is teaching us a basic lesson in dispensing Chessed; the lender is only able to relate to the poor man appropriately and completely if he delves into the depths of this poor man's soul and feels the needs of the poor man as though they are his own needs. That being so, then in our topic we can make a simple logical deduction; the poor man is molded from the same form as the rich man except that their tests are different. This one has money and this one does not have money and is in need of the rich man's Chessed, and the Torah says that the rich man must enter into the soul of the poor man, Then all the more so it is incumbent on the husband to recognize the character of his wife's soul, who she is in her essence, and what affects her - as her qualities are fundamentally different than his both in her being and in her personality - in order that he will be able to extend Chessed to her timely based on her needs.

Come and let's learn what those differences are between a man and a woman. These differences in their personality and character emerge from their individual purpose, each one different than the other. HaKadosh Baruch Hu matches up each person with the qualities he will need according to the life's-goal that He assigned to him, in order that he will be able to satisfy that need effectively.

———— ဢ ————

Chapter 1 - Lesson 3

My wife (is) my home.

The job of a wife is to oversee her home and take care of the needs and wellbeing of her family. Rebbe Yossi says (Gemara Shabbat 113b) "Throughout my life never once did I call my wife – My wife - rather, I called her 'My home'." He understood the importance of a wife in the fulfillment of her life's task as attending to the needs of

- הַבַּיִת. רַזַ"ל פֵּרְשׁוּ בְּפֵרוּשׁ אֶחָד [שְׁמוֹת א׳, י"ג] "וַיַּעֲבִידוּ מִצְרַיִם אֶת בְּנֵי יִשְׂרָאֵל בְּפָרֶךְ" - הִטִּילוּ עֲבוֹדַת הָאֲנָשִׁים עַל הַנָּשִׁים וַעֲבוֹדַת הַנָּשִׁים עַל הָאֲנָשִׁים [סוֹטָה י"א ע"ב]. וְצָרִיךְ בֵּאוּר: בִּשְׁלָמָא עֲבוֹדַת הָאֲנָשִׁים עַל הַנָּשִׁים - זוֹ הִיא עֲבוֹדַת פֶּרֶךְ בִּשְׁבִיל הַנָּשִׁים, אֲבָל עֲבוֹדַת הַנָּשִׁים עַל הָאֲנָשִׁים - הֲרֵי זוֹ הֲקַלָּה מֵעַל הָאֲנָשִׁים, וְלֹא עֲבוֹדַת פָּרֶךְ. בֵּאוּר הַדְּבָרִים הוּא: אַף שֶׁבְּמוּבָן הַגַּשְׁמִי זוֹ הֲקַלָּה, אַךְ בָּאֹפֶן הַנַּפְשִׁי קָשֶׁה לְגֶבֶר לַעֲשׂוֹת עֲבוֹדַת נָשִׁים, כִּי אֵינוֹ מוֹצֵא עִנְיָן בָּהֶם, וְאֵין לוֹ סִפּוּק מֵהֶם. בַּעַל מִקְצוֹעַ יָכוֹל לְהַצְלִיחַ רַק כַּאֲשֶׁר יֵשׁ לוֹ סִפּוּק מִמִּקְצוֹעוֹ. הַחַיָּט יֵשׁ לוֹ סִפּוּק כַּאֲשֶׁר תּוֹפֵר חֲלִיפָה נָאָה, וּבַנַּאי יֵשׁ לוֹ סִפּוּק אִם מֵקִים בִּנְיָן יָפֶה וּמְשֻׁלָּם. מְלַמֵּד יְלָדִים מַצְלִיחַ, רַק אִם יֵשׁ לוֹ סִפּוּק מִזֶּה שֶׁמְּלַמֵּד וּמְקַדֵּם אֶת תַּלְמִידָיו. וָלֹא - אוֹי לַמְלַמֵּד וְאוֹי לְתַלְמִידָיו.

עִם הַטָּלַת הַתַּפְקִיד שֶׁל נִהוּל הַבַּיִת עַל הָאִשָּׁה, נָתַן ה׳ יִתְבָּרַךְ לָאִשָּׁה סִפּוּק מֵעֲבוֹדוֹת הַבַּיִת, שֶׁהֵן בְּעֵינֵי הַבַּעַל חַדְגוֹנִיּוֹת וְחוֹזְרוֹת עַל עַצְמָן - עֲבוֹדַת פָּרֶךְ, כְּדִבְרֵי רַזַ"ל הַנַּ"ל. לָכֵן חָנַן הַקָּדוֹשׁ בָּרוּךְ הוּא אֶת הָאִשָּׁה בְּרֶגֶשׁ רַב. אֶצְלָהּ שׁוֹלֵט הָרֶגֶשׁ יוֹתֵר מֵהַשֵּׂכֶל. הָאִשָּׁה עוֹסֶקֶת בְּעִנְיְנֵי הַבַּיִת, שֶׁקְּשׁוּרִים בָּעוֹלָם הַגַּשְׁמִי. הַגִּישָׁה אֶל הָעוֹלָם הַגַּשְׁמִי הוּא דֶּרֶךְ הַחוּשִׁים, וּפֹה שׁוֹלֵט הָרֶגֶשׁ יוֹתֵר מֵהַשֵּׂכֶל. יֵשׁ לָאִשָּׁה הַרְבֵּה תְּחוּשׁוֹת רֶגֶשׁ לְסֵדֶר וּלְנִקָּיוֹן וּלְיֹפִי. בַּיִת נָקִי וּמְסֻדָּר יָפֶה נוֹתֵן לָאִשָּׁה סִפּוּק נַפְשִׁי.

גַּם הַגֶּבֶר מֵבִין שֶׁצָּרִיךְ לְהַשְׁלִיט סֵדֶר, כְּגוֹן: בְּלִי סֵדֶר בַּאֲרוֹן הַסְּפָרִים לֹא יִמְצָא אֶת הַסֵּפֶר שֶׁהוּא מְחַפֵּשׂ. אוּלָם זוֹ הֲבָנָה

her family. Our Rabbis *Z"L* explained (in Gemara Sotah 11b) in one of the commentaries on the pasuk (Shemot 1:13) "Egypt enslaved the Jewish people imposing on them oppressive work" – that the Egyptians forced men's labor onto the women and women's labor onto the men. Chazal's commentary needs to be explained. One can understand that men's physically taxing work imposed on women is oppressive work for women. But imposing women's work on men is much less physically taxing and is not oppressive?! The explanation is – Even though from the perspective that women's work is physically less taxing than men's work, yet on an emotional level it is hard for men to do the work of women because they don't see any point to it and derive no satisfaction from it. Someone involved in an occupation will be successful only if he has pleasure and satisfaction from his occupation. A tailor has satisfaction when he sews together a beautiful garment. A contractor has pride when he completes the construction of a building that is beautiful. A teacher is successful only when he feels a sense of satisfaction from teaching and advancing his students – and if not, then woe unto the teacher and woe unto the students – both the teacher and the students suffer.

By placing the responsibility of managing the needs of the family on the woman Hashem Yitbarach gave her pleasure and satisfaction from the job of caring for her family, which from the perspective of the husband is monotonous and repetitive - and that is oppressive work for a man as Chazal explained in the reference above. Therefore, HaKadosh Baruch Hu endowed the personality of a woman with great sensitivity and emotional feelings which guide her more than strict intellect. The woman is preoccupied with household matters that are connected to the physical world. The approach to the physical world is through her senses – where feelings are more important than intellect. A woman has a great deal of feelings and sensitivities regarding the organization and the cleanliness and the beauty of her home. A home that is clean and orderly gives her a great sense of inner satisfaction.

The husband also understands that things should be orderly. For

שִׂכְלִית. וְיִתָּכֵן שֶׁהַשֵּׂכֶל אוֹמֵר לוֹ, שֶׁבְּמִקְרֶה זֶה צָרִיךְ לְוַתֵּר עַל הַסֵּדֶר. נָבִיא דֻּגְמָה מֵחַיֵּי יוֹם יוֹם: הַבַּעַל מְעַיֵּן בְּסֻגְיָה שֶׁהוּא רוֹצֶה לְחַדֵּשׁ בָּהּ דִּבְרֵי תּוֹרָה, וּמוֹצִיא סְפָרִים מֵהָאָרוֹן, עַד שֶׁמִּתְאַסֶּפֶת עַל הַשֻּׁלְחָן עֲרֵמָה שֶׁל סְפָרִים. הוּא פּוֹנֶה לָלֶכֶת אֶל הַכּוֹלֵל, וְאִשְׁתּוֹ מְבַקֶּשֶׁת מִמֶּנּוּ שֶׁיַּחֲזִיר אֶת הַסְּפָרִים אֶל הָאָרוֹן לִפְנֵי לֶכְתּוֹ. הַבַּעַל מְנַסֶּה לְהַסְבִּיר לָהּ שֶׁזֶּה בִּטּוּל תּוֹרָה, כִּי כַּאֲשֶׁר יַחֲזֹר הַבַּיְתָה שׁוּב יִצְטָרֵךְ לְהוֹצִיא אֶת הַסְּפָרִים מֵהָאָרוֹן. אוּלָם הָאִשָּׁה מְבַקֶּשֶׁת מִמֶּנּוּ לֹא לְהַשְׁאִיר אֶת הַחֶדֶר בִּלְתִּי מְסֻדָּר. הַבַּעַל רוֹאֶה בָּזֶה אִי הֲבָנָה מִצַּד אִשְׁתּוֹ לְבִטּוּל זְמַן, וּבַקָּשָׁתָהּ נִרְאֵית לוֹ טוֹרְדָנִית. וּמֵאִידַךְ גִּיסָא, אִשְׁתּוֹ רוֹאָה בְּסֵרוּב הַבַּעַל אִי הִתְחַשְּׁבוּת עִמָּהּ. הִיא דּוֹאֶגֶת לְסֵדֶר וְנִקָּיוֹן וְיֹפִי הַבַּיִת, וְהוּא מְזַלְזֵל בָּזֶה.

פֹּה יֵשׁ לָנוּ דֻּגְמָה שֶׁל מֶתַח בֵּין בְּנֵי הַזּוּג, הַמְיֻסָּד עַל אִי הֲבָנָה שֶׁל הַשֹּׁנִי שֶׁל כָּל אֶחָד. עַל הַבַּעַל לָדַעַת שֶׁסֵּדֶר וְנִקָּיוֹן הֵם אֵצֶל הָאִשָּׁה צֹרֶךְ נַפְשִׁי. לָכֵן לֹא יְנַסֶּה לְשַׁכְנֵעַ אוֹתָהּ עַל יְדֵי הוֹכָחוֹת שִׂכְלִיּוֹת שֶׁהוּא צוֹדֵק, אֶלָּא יָבִין לְרוּחָהּ וְיִתְחַשֵּׁב בְּהַרְגָּשׁוֹתֶיהָ. כְּמוֹ כֵן בְּכָל וִכּוּחַ וְנִסָּיוֹן שִׁכְנוּעַ יְשַׁתֵּף אֶת נְקֻדַּת הָרֶגֶשׁ, כְּדֵי שֶׁגַּם הָרֶגֶשׁ שֶׁל הָאִשָּׁה יָבוֹא לִידֵי סִפּוּקוֹ.

example, without any order of the books on his library shelf he could not easily find the book he was looking for. But since this is only intellectually logical to him, it is possible in certain situations that logic would tell him to ignore orderliness. I'll bring a real example of this from everyday life. The husband is delving deeply into his learning of a subject in Torah and wants to extract from the text and his intellect a novel thought on that topic. He takes many books that he needs off his library shelf until a pile of books is spread out on the table. At some point he turns to go to his Kollel – and his wife asks him to clear off the books from the table and put them back on the library shelf before he leaves. The husband attempts to explain to his wife that clearing off the table would be wasting the time that could be better spent learning Torah, since when he returns home he will need to take those same books off the shelf and start all over again. It is much more efficient to leave all the books on the table and immediately resume his study when he returns. His wife is unfazed by his logic and asks him not to leave the room disorderly. The husband sees his wife's demand as a lack of understanding regarding wasting precious learning time, and that her insistence on putting away the books seems to him to be bothersome. But from her perspective the wife sees her husband's objection to cleaning them up as being inconsiderate of her feelings. She looks after the orderliness and cleanliness and beauty of her home, and she sees him as being disrespectful of her.

Here is an example of the tension that can develop in the relationship between a husband and wife which evolves from a lack understanding of the differences between them. The husband must clearly understand that the orderliness and cleanliness of their home is a top priority in the mind and feelings of his wife, and so he should not try to persuade her with logical arguments why he is right, rather he must understand her and be considerate of her feelings. So too in any argument and attempt at persuasion he must take into consideration her feelings and incorporate her sensitivities into his response so that the feelings of his wife will also be satisfied.

קונטרס וידעת כי שלום אהלך
פֶּרֶק רִאשׁוֹן - מאמר ג

נוּכַל לִלְמֹד זֹאת מִדִּבְרֵי רַזַ"ל [שַׁבָּת כ"ג ע"ב]: "דְּבֵיתְהוּ דְּרַב יוֹסֵף הֲוַת מְאַחֶרֶת וּמַדְלֶקֶת לָהּ" (רַשִׁ"י: "נֵר שֶׁל שַׁבָּת סָמוּךְ לַחֲשֵׁכָה"). מֶה הָיָה צָרִיךְ לוֹמַר לָהּ? "הַקְדִּימִי לְהַדְלִיק, כְּדֵי שֶׁלֹּא תָבוֹאִי לִסְפֵק חִלּוּל שַׁבָּת". בִּמְיֻחָד בַּיָּמִים הָהֵם, כְּשֶׁלֹּא הָיוּ שְׁעוֹנִים, הָיָה אֶפְשָׁר לִטְעוֹת בְּיוֹם מְעֻנָּן - זֶה טִעוּן שִׂכְלִי! "אָמַר לָהּ רַב יוֹסֵף: תַּנְיָא, לֹא יָמִישׁ עַמּוּד הֶעָנָן יוֹמָם וְעַמּוּד הָאֵשׁ לַיְלָה - מְלַמֵּד שֶׁעַמּוּד הֶעָנָן מַשְׁלִים לְעַמּוּד הָאֵשׁ, וְעַמּוּד הָאֵשׁ מַשְׁלִים לְעַמּוּד הֶעָנָן" (רַשִׁ"י: "קְרָא יְתֵירָא הוּא לְהַךְ דְּרָשָׁה... שֶׁהָיָה עַמּוּד הָאֵשׁ בָּא קֹדֶם שֶׁיִּשְׁקַע עַמּוּד הֶעָנָן. **אַלְמָא אֹרַח אַרְעָא בְּהָכֵי**"). רַב יוֹסֵף הִדְגִּישׁ לְאִשְׁתּוֹ טַעֲנָה רִגְשִׁית: כֵּיוָן שֶׁה' יִתְבָּרַךְ הִתְנַהֵג כָּךְ עִם עַם יִשְׂרָאֵל, שֶׁהִקְדִּים לְהָאִיר אֶת עַמּוּד הָאֵשׁ קֹדֶם רֶדֶת הַלַּיְלָה, אִם כֵּן דֶּרֶךְ אֶרֶץ הוּא שֶׁמִּתּוֹךְ הַכָּרַת הַטּוֹב גַּם אֲנַחְנוּ נִנְהַג כָּךְ! זוֹהִי דֻּגְמָה מְאַלֶּפֶת שֶׁל גִּישָׁה בְּוִכּוּחַ וְטִעוּן עִם הָאִשָּׁה.

הַבַּעַל הַצָּעִיר צָרִיךְ לְקַבֵּל עָלָיו אֶת סִדְרֵי הַבַּיִת, הֵן מַה שֶּׁנּוֹגֵעַ לְסֵדֶר וְנִקָּיוֹן, וְהֵן מַה שֶּׁנּוֹגֵעַ לִזְמַנֵּי הָאֲרוּחָה וְכוּ', לֹא רַק בַּהֲבָנָה - עַד כַּמָּה הַדְּבָרִים חֲשׁוּבִים אֵצֶל אִשְׁתּוֹ, אֶלָּא יָתֵר עַל כֵּן גַּם בְּהַעֲרָכָה. הָאִשָּׁה, שֶׁהִיא "בֵּיתוֹ" כְּמַאֲמַר ר' יוֹסֵי, כָּל מַה שֶּׁטּוֹרַחַת בַּבַּיִת - בִּשְׁבִיל בַּעַל הַבַּיִת וּבְנֵי הַבַּיִת הִיא טוֹרַחַת, דְּבָרִים שֶׁבְּעֵינָיו אוּלַי אֵינָם חֲשׁוּבִים כָּל כָּךְ, אֲבָל בְּעֵינֶיהָ חֲשׁוּבִים הֵם, גַּם הוּא צָרִיךְ לְהַחֲשִׁיב אוֹתָם, כִּי הֲרֵי הִיא עוֹשָׂה אוֹתָם לְמַעֲנוֹ, כְּדֵי שֶׁבַּעַל הַבַּיִת יִמְצָא בַּיִת יָפֶה, מְאֻרְגָּן וּמְסֻדָּר. גַּם צָרִיךְ לָתֵת לָהּ לְהַרְגִּישׁ עַד כַּמָּה הוּא מַעֲרִיךְ זֹאת. לֹא תָּמִיד קַל הוּא בִּשְׁבִיל מִי שֶׁהָיָה

Rabbi Chayim Friedlander
A Peaceful Home
Chapter 1 - Lesson 3

We can learn this concept from the words of Chazal (Gemara Shabbat 23b) "The wife of Rav Yosef was late in lighting Shabbat candles (Rashi – Lighting Shabbat candles close to sunset)." What do you think he should have told her?! "You should light candles earlier to avoid the possibility of desecrating Shabbat," particularly in those times when there were no clocks and it was possible to make a mistake on an Erev Shabbat day that was cloudy – That would be a logical argument. However he did not say that to her, and instead Rav Yosef said to his wife "It has been taught in the yeshiva – The pasuk states (Shemot 13:22) 'The Column of Cloud did not depart during the day and the Column of Fire at night,' teaching us that the Column of Cloud complimented the Column of Fire, and the Column of Fire complimented the Column of Cloud" (Rashi – "The text uses excess words to teach a novel lesson…that the Column of Fire arrived before the Column of Cloud departed, **instructing us that this is the natural order of things**"). Rav Yosef stressed an emotional argument to his wife rather than a logical argument, that since Hashem Yitbarach behaves in this way with the Jewish people - He ushered-in the Column of Fire before nightfall - that being so, the proper thing to do is for us to demonstrate our gratitude to Hashem by behaving in that same way and usher-in Shabbat before sunset. This is a teaching example of the approach to take in an argument and dialog with one's wife.

A young husband must accept upon himself his wife's orderly home, whether it applies to her arrangement of the home and its cleanliness or to the family's meals, not just intellectually - how important these things are to his wife - but even more than this he must appreciate it. The wife – who is the "home" as Rav Yossi [Yosef] said – all of the work she invests in their home she does so for her husband and children, even things that are not so important to him are very important to her and because they are important to her he must also appreciate them because she is doing these things for him in order for him to find a home that is organized and neat. He must let her know how much he appreciates all the things she does for him. This is not always so easy for someone who not long ago

לֹא מְזֻמָּן בָּחוּר יְשִׁיבָה שֶׁחַי לְעַצְמוֹ, וְאֵין הַסְּדָרִים תּוֹפְסִים בִּשְׁבִילוֹ מָקוֹם חָשׁוּב לְהִסְתַּגֵּל לִמְצִיאוּת חֲדָשָׁה זוֹ. אֲבָל יֵדַע נָא שֶׁהִסְתַּגְּלוּת זוֹ מֻכְרַחַת הִיא לְרֵאשִׁית וִיסוֹד בִּנְיַן הַבַּיִת.

אִם אִשְׁתּוֹ תִּשְׁאַל אוֹתוֹ אֵיךְ לְסַדֵּר אֶת הַבַּיִת, הַאִם לְהַעֲמִיד אֶת הַמִּזְנוֹן בַּקִּיר הַדְּרוֹמִי אוֹ הַמַּעֲרָבִי - אַל יֹאמַר לָהּ: בִּשְׁבִילִי זֶה לֹא חָשׁוּב, תַּעֲשִׂי כְּפִי שֶׁאַתְּ רוֹצָה, כִּי בָּזֶה הוּא פּוֹגֵעַ בָּהּ. דְּבָרִים אֵלֶּה חֲשׁוּבִים לְחוּשׁ הַיֹּפִי שֶׁלָּהּ, אֲבָל בְּיוֹתֵר חָשׁוּב לָהּ לְסַדֵּר אֶת הַבַּיִת לִשְׂבִיעַת רְצוֹנוֹ - וְלוֹ בִּכְלָל לֹא אִכְפַּת! הִיא שָׂמָה עָצִיץ בְּאֵיזוֹ פִּנָּה אוֹ תּוֹלָה תְּמוּנָה, וְהוּא בִּכְלָל אֵינוֹ "רוֹאֶה" אֶת זֶה. אִם כֵּן אִשְׁתּוֹ מִתְסַכֶּלֶת וּמְאֻכְזֶבֶת. הָאִשָּׁה אוֹהֶבֶת לְהִתְלַבֵּשׁ יָפֶה בְּטוּב טַעַם, זֶה מְעֻגָּן בְּרֶגֶשׁ הַיֹּפִי שֶׁלָּהּ, הִיא עוֹשָׂה זֹאת לְמַעַן בַּעְלָהּ - לִמְצֹא חֵן בְּעֵינָיו. לָכֵן הִיא מְצַפָּה לִתְגוּבָה מִבַּעְלָהּ כַּאֲשֶׁר הִיא לוֹבֶשֶׁת שִׂמְלָה חֲדָשָׁה.

אַל נִפְחַד, הָעֲבוֹדָה בִּשְׁבִיל הַבַּעַל הַצָּעִיר אֵינָהּ קָשָׁה כָּל כָּךְ. בְּרָצוֹן טוֹב וּבִקְצָת שִׂימַת לֵב יִקְנֶה הֲבָנָה בִּדְבָרִים אֵלֶּה, וְיֵדַע מָה לוֹמַר וְאֵיךְ לְהָגִיב לִשְׂבִיעַת רְצוֹן אִשְׁתּוֹ. כָּל זֶה כָּלוּל בַּעֲבוֹדַת הַחֶסֶד כְּלַפֵּי אִשְׁתּוֹ. וַהֲרֵי הֵבֵאנוּ לְעֵיל אֶת דִּבְרֵי רַשִׁ"י: "אֶת הֶעָנִי עִמָּךְ: רְאֵה אֶת עַצְמְךָ כְּאִלּוּ אַתָּה הֶעָנִי". לֵאמֹר, אֶפְשָׁר לַעֲשׂוֹת חֶסֶד מֻשְׁלָם, רַק כַּאֲשֶׁר נִכְנָסִים לְמַצָּבוֹ וּתְחוּשָׁתוֹ שֶׁל הַזּוּלַת. לָאִשָּׁה יֵשׁ סִפּוּק מֵעֲבוֹדַת הַמִּטְבָּח - בִּשּׁוּל, אֲפִיָּה, עֲרִיכַת הַשֻּׁלְחָן לַאֲרוּחוֹת. אוּלָם עִקַּר הַסִּפּוּק הוּא בַּעֲבוּרָהּ לִשְׁמֹעַ מִבַּעְלָהּ הַעֲרָכָה לְכָל הָעֲבוֹדוֹת הָאֵלֶּה. אִם לֹא כָּךְ, הִיא שׁוֹאֶלֶת אֶת עַצְמָהּ, בִּשְׁבִיל

was a single young man in yeshiva who essentially lived all of his life for himself, and these organizational things that his wife cares about are not very important to him. This new husband himself must now adapt to his new reality. Please understand clearly that adjusting to this new reality is a prerequisite and a foundation of building his marital relationship.

If his wife were to ask him what he thinks about the furniture arrangement of the house - should the buffet table be placed against the south wall or the west wall – he should not tell her "It doesn't make a difference to me, do whatever you want," because in so doing he is insulting her. These things are important to her sense of beauty, but even more important to her is that their house should be arranged to his liking, yet he finds these things are totally unimportant. She places a vase in some corner of the room, or hangs a picture and he does not notice it at all. If that is so, his wife becomes frustrated and disappointed. A wife likes to dress in good taste, something rooted in her sense of beauty. She does this for the sake of pleasing her husband so that she will be appealing to him. Thus she is looking for a comment of approval from her husband when she wears a new outfit.

Dear Chatan, do not be afraid, the job of a young husband is not so hard. With a good attitude and paying a little attention you can acquire understanding of these things and know what to say and how to answer your wife in a way that will please her. All of this is included in the work of doing Chessed to your wife. Earlier in this essay we referenced the words of Rashi on the pasuk (Shemot 22:24) "…'the poor among you,' see yourself as though you were that poor man," meaning, that it is possible to do perfect Chessed, but only if you first put yourself in the same situation and feelings of someone else. A wife has satisfaction from her work in the kitchen – cooking, baking, preparing meals and setting the table - but the most satisfying pleasure for her is to hear recognition from her husband and appreciation for all the work she did, and if not she asks herself "Who am I doing all of this work for, and why am I doing all this work?!" The Gaon Rabbi Yisrael Salanter *ZT"L*

מִי וּבִשְׁבִיל מָה הִיא טוֹרַחַת בְּכָל אֵלֶּה? הגר"י מִסַּלַנְט זַצַ"ל הָיָה אוֹמֵר: לוֹמַר לָאִשָּׁה שֶׁהַמָּרָק שֶׁבִּשְּׁלָה הוּא טָעִים הוּא כְּמוֹ שֶׁאוֹמְרִים לְרֹאשׁ יְשִׁיבָה שֶׁהַתֵּרוּץ שֶׁלּוֹ עַל הָרַמְבַּ"ם הוּא נִפְלָא, כִּי הַמָּרָק - זֶהוּ הַ"שִּׁעוּר" שֶׁהָאִשָּׁה מְכִינָה עֲבוּר בַּעְלָהּ! מַעֲשֶׂה בְּבַעַל שֶׁאַף לֹא פַּעַם אַחַת הִשְׁמִיעַ הֶעָרָה עַל הָאֹכֶל, לֹא לְטוֹב וְלֹא לְרַע. פַּעַם אַחַת קָרָה שֶׁאִשְׁתּוֹ הִכְנִיסָה לְתוֹךְ סֵפֶל הַקָּפֶה מֶלַח בִּמְקוֹם סֻכָּר. הַבַּעַל שָׁתָה אֶת הַקָּפֶה בְּלִי לְהָגִיב. כָּאן פָּקְעָה סַבְלָנוּת הָאִשָּׁה - אֲפִלּוּ דָּבָר כָּזֶה לֹא אִכְפַּת לוֹ, אִם כֵּן בִּשְׁבִיל מָה הִיא טוֹרַחַת?!

כְּשֶׁאַבְרְכִים נִפְגָּשִׁים, עוֹבְרִים בְּמֶשֶׁךְ הַשִּׂיחָה לְדִבְרֵי תּוֹרָה. מֵאִידָךְ גִּיסָא, כְּשֶׁנְּשׁוֹתֵיהֶם נִפְגָּשׁוֹת, יֵשׁ שֶׁהַשִּׂיחָה מְסֻבֶּבֶת לְהַחְלָפַת מִרְשְׁמֵי מַאֲכָלִים וְעֻגּוֹת בֵּינֵיהֶן. אַל יִסְתַּכְּלוּ הַבְּעָלִים בְּבוּז עַל הַדָּבָר, אוֹ יָעִירוּ: "הַאִם זֶה נוֹשֵׂא לְשִׂיחָה?!" הֲרֵי זֶה טֶבַע הַנָּשִׁים שֶׁבּוֹ חָנַן ה' יִתְבָּרַךְ אוֹתָן לִמְצֹא עִנְיָן וַחֲשִׁיבוּת בַּעֲבוֹדוֹת הַבַּיִת, וְלִמְצֹא בָּהֶן סִפּוּק.

דָּבָר נוֹסָף הַנּוֹבֵעַ מִשְּׁלִיטַת הָרֶגֶשׁ אֵצֶל הָאִשָּׁה הֵם הַפְּחָדִים הַשּׁוֹנִים. הַבַּעַל אוֹ הַיֶּלֶד מְאַחֵר לְהַגִּיעַ הַבַּיְתָה, וְהָאִשָּׁה נְמוֹגָה מִפַּחַד וְחוֹשֶׁשֶׁת כְּבָר לַגָּרוּעַ בְּיוֹתֵר. כְּשֶׁהַבַּעַל מַגִּיעַ סוֹף סוֹף הַבַּיְתָה, הָאִשָּׁה מְקַבֶּלֶת אֶת פָּנָיו בִּתְלוּנוֹת עַל הַפְּחָדִים שֶׁגָּרַם לָהּ. בִּמְקוֹם לְהִתְנַצֵּל עָלוּל הַבַּעַל לְהִתְרַגֵּז עָלֶיהָ, הֲרֵי אֵין סִבּוֹת הֶגְיוֹנִיּוֹת לַפְּחָדִים. הֲרֵי קָרָה מִסְפַּר פְּעָמִים שֶׁהִתְעַכֵּב בַּדֶּרֶךְ כִּי פָּגַשׁ מִישֶׁהוּ, וְדִבְּרוּ בְּלִמּוּד אוֹ גָּמַר אֶת לִמּוּדוֹ מְאֻחָר מֵהַמְּצֻפֶּה. וְלָמָּה לַחֲשֹׁשׁ לַגָּרוּעַ בְּיוֹתֵר - שֶׁקָּרְתָה תְּאוּנָה בַּדֶּרֶךְ, הֲרֵי הַסְּבִירוּת לְכָךְ הִיא קְטַנָּה

would say – Telling your wife the soup she cooked is delicious is like telling a Rosh Yeshiva that his answer to a question posed on the Rambam was phenomenal, because the "soup" that she prepared for her husband is to her the same as "the Rabbi's lecture" is to you. There was a story about a husband who never once made any comment about the food cooked by his wife, neither praise nor criticism. Once he asked his wife for a cup of coffee and she intentionally put a teaspoon of salt into it instead of a teaspoon of sugar. The husband drank the coffee without any reaction. At that point his wife lost her patience, saying – He doesn't care even about something like this, so why am I bothering to cook good meals or anything else?!

When the students in a Kollel meet their topic of discussion invariably turns to words of Torah. By contrast, when their wives meet their conversation sometimes shifts to a discussion of trading menus and recipes of various foods and cakes. Their husbands should not view that conversation as being trivial, or remark to them "Is that all you have to talk about?!" because that is the nature of women – as that is the gift that Hashem Yitbarach graced them with, to find purpose and importance to the work of the house and to find satisfaction in it.

Something more which emerges from a woman being controlled by her emotions is the fear of unexpected changes in normal routine. Her husband or her child is late coming home and she is devastated by fear and already imagines that the worst has happened. When her husband eventually arrives home his wife greets him with complaints over the fright he caused her. Instead of excusing himself, very often the husband responds with annoyance at her that her fears are irrational. Very often it can happen that he was delayed returning home because he happened to meet a friend and they spoke in learning, or he finished his learning session later than he anticipated, and so why should she think the worst has happened or that some road accident happened?! The likelihood of that happening is very small and she should not have worried about that. However, from her perspective a wife is annoyed at her

בְּיוֹתֵר, כָּךְ שֶׁלֹּא צָרִיךְ לַחֲשֹׁשׁ לָזֶה. מֵאִידַּךְ גִּיסָא, הָאִשָּׁה
מְרֻגֶּזֶת עַל בַּעֲלָהּ שֶׁאֵינוֹ מֵבִין לְנַפְשָׁהּ. וְכָךְ נוֹצָר מֶתַח שֶׁבָּא
מֵאִי הֲבָנָה הֲדָדִית. עַל הַבַּעַל לָדַעַת שֶׁפְּחָדִים אֵינָם מְעֻגָּנִים
בַּהִגָּיוֹן, אֶלָּא נוֹבְעִים מֵהָרֶגֶשׁ. כְּכָל שֶׁהָרֶגֶשׁ שׁוֹלֵט יוֹתֵר, כֵּן
הַפְּחָדִים גְּדֵלִים. הַבַּעַל הָיָה צָרִיךְ לְקַבֵּל אֶת הַדְּאָגָה הַגְּדוֹלָה
שֶׁל אִשְׁתּוֹ לִשְׁלוֹמוֹ כְּמַחְמָאָה. עַל כָּל פָּנִים אָסוּר לוֹ לְהִתְרַגֵּז
עָלֶיהָ, אֶלָּא עָלָיו לְהָבִין לְנַפְשָׁהּ. זֶה מְחַיֵּב אוֹתוֹ שֶׁלֹּא לְאַחֵר.
וְאִם קוֹרֶה שֶׁדָּבָר מָה מְעַכֵּב אוֹתוֹ מִלַּחֲזֹר בַּזְּמַן, צָרִיךְ לְחַפֵּשׂ
אֶפְשָׁרוּת לְהוֹדִיעַ לְאִשְׁתּוֹ עַל יְדֵי טֶלֶפוֹן, וְאִם אֵין לָהֶם
טֶלֶפוֹן, אֲזַי אֶפְשָׁר לְטַלְפֵּן לַשְּׁכֵנִים וּלְבַקְּשָׁם לְהוֹדִיעַ לָהּ. עַל
יְדֵי זֶה הוּא מוֹנֵעַ מֵאִשְׁתּוֹ פְּחָדִים. יֶתֶר עַל כֵּן, אִשְׁתּוֹ תִּהְיֶה
אֲסִירַת תּוֹדָה לוֹ עַל שֶׁהוּא מִתְחַשֵּׁב בָּהּ.

כְּמוֹ כֵן, יִתָּכֵן שֶׁיֵּשׁ לְאִשְׁתּוֹ פְּחָדִים מִכָּל מִינֵי חַיּוֹת קְטַנּוֹת
וּקְטַנְטַנּוֹת, אוֹ הִיא נִגְעֶלֶת מֵרְאִיַּת פֶּצַע אוֹ מִדְּבָרִים אֲחֵרִים
הַמְעוֹרְרִים בָּהּ חַלְחָלָה. אַל יְנַסֶּה הַבַּעַל לְהוֹכִיחַ אוֹתָהּ עַל
זֹאת שֶׁפְּחָדִים אֵלֶּה מַתְאִימִים לִילָדִים קְטַנִּים, אֲבָל לֹא לְאָדָם
מְבֻגָּר בַּעַל שֵׂכֶל. הֲרֵי פְּחָדִים אֵלֶּה מְעֻגָּנִים בְּתִכוּנָתָהּ שֶׁבָּהּ
שׁוֹלֵט הָרֶגֶשׁ, וְצָרִיךְ לְהִתְחַשֵּׁב בָּהּ, וְלֹא לִתְבֹּעַ שֶׁתְּשַׁנֶּה אֶת
טִבְעָהּ.

———— ଚ୨ ————

husband because he is not sensitive to her concerns. That is how tensions arise, as they come from a lack of understanding of mutual concerns. The husband must understand clearly that her fears are not based on logic, rather they stem from her emotions. The more emotions play on her, the more her fears become real and increase. The husband should have accepted the great worry of his wife as a compliment. In any event it is forbidden for the husband to get angry at his wife, rather, he must understand her concerns. This obligates him not to be late, and if something happens to delay him from returning home on time he must find some way to inform his wife by telephone, and if they have no phone in the house then he should contact a neighbor and ask them to tell her that he will be late getting home. By doing this he will relieve his wife of her anxieties, and more than this his wife will be grateful to him for being considerate of her.

It is also possible that his wife has fears of all kinds of small animals and tiny things (for example, mice or roaches), or she might be disgusted seeing a wound, or from other things that cause her to shudder. The husband should not chide her telling her that her fears are appropriate to little children but not to intelligent adults. These kinds of fears are based on her nature which is controlled by her emotions, and he must take her fears and sensitivities into consideration and not demand that she change her nature.

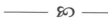

מאמר ד.

הָעֲדִיפוּת שֶׁבַּגִּישָׁה הָרִגְשִׁית

רַזַ״ל צִיְּנוּ מַעֲלָה לְשְׁלִיטַת הָרֶגֶשׁ [בְּרָכוֹת י׳ ע״ב]: ״הָאִשָּׁה מַכֶּרֶת בְּאוֹרְחִין יוֹתֵר מִן הָאִישׁ״. כְּדֵי לִקְבֹּעַ אִם כְּדַאי לְקָרֵב אוֹרֵחַ פְּלוֹנִי צָרִיךְ לְהַכִּירוֹ מִקָּרוֹב, לֶאֱסֹף נְתוּנִים עָלָיו, וּלְפִיהֶם לִשְׁקֹל וּלְהַחְלִיט. אוּלָם הַחְלָטַת הָאִשָּׁה מוּנְחֵית עַל יְדֵי הָרֶגֶשׁ, וְאֵין לָהּ צֹרֶךְ לִהְיוֹת מֻדְרֶכֶת עַל יְדֵי שִׁקּוּלֵי הַשֵּׂכֶל. וְהִיא עֲלוּלָה לוֹמַר אַחֲרֵי הֶכֵּרוּת קְצָרָה - כְּדַאי לְקָרֵב אָדָם זֶה, אוֹ לְהֶפֶךְ. אִם נִשְׁאַל אוֹתָהּ: ״הַאִם תּוּכְלִי לְנַמֵּק אֶת הַחְלָטָתֵךְ?״ הִיא תַּעֲנֶה: ״יֵשׁ לִי הַרְגָּשָׁה כָּזוֹ״. בְּלַעַ״ז פֵּרוּשׁוֹ אִינְטוּאִיצְיָה. גַּם בְּעִנְיָן זֶה הָאִשָּׁה הִנָּהּ עֵזֶר כְּנֶגְדּוֹ - עַל יְדֵי עֲדִיפוּת הָרֶגֶשׁ הִיא מַשְׁלִימָה אֶת הָאִישׁ.

מֵחֲמַת הַגִּישָׁה הָרִגְשִׁית יֵשׁ לָאִשָּׁה אֱמוּנָה תְּמִימָה, שֶׁמֻּשְׁרֶשֶׁת בְּמַעֲמַקֵּי הָרֶגֶשׁ, וְאֵינָהּ עוֹבֶרֶת דֶּרֶךְ נִתּוּחַ הַשֵּׂכֶל. זֶה לְשׁוֹן סֵפֶר אָזְנַיִם לַתּוֹרָה שֶׁל הרה״ג ר׳ זַלְמָן סוֹרוֹצְקִין זַצַ״ל: ״הָרֶגֶשׁ שֶׁבַּלֵּב וְהַבִּינָה הַתְּלוּיָה בּוֹ, וּבְדָבָר זֶה עוֹלָה הָאִשָּׁה עַל הָאִישׁ, כִּי רִגְשׁוֹת הָאִשָּׁה מְפֻתָּחִים הַרְבֵּה יוֹתֵר מֵרִגְשׁוֹת הָאִישׁ... הָאִשָּׁה בְּלֵב מֵבִין וּבְרֶגֶשׁ מְפֻתָּח מְסֻגֶּלֶת יוֹתֵר מֵהָאִישׁ לְהַכִּיר אֶת מִי שֶׁאָמַר וְהָיָה הָעוֹלָם״. עַל יְדֵי הָאֱמוּנָה הַתְּמִימָה הַזּוֹ הַמְּעֻגֶּנֶת בַּטֶּבַע, הָאִשָּׁה מְסֻגֶּלֶת לַעֲמֹד בִּזְמַנֵּי לַחַץ בְּנִסְיוֹנוֹת קָשִׁים יוֹתֵר מֵהָאִישׁ, כְּפִי שֶׁאָמְרוּ רַזַ״ל שֶׁבְּמִצְרַיִם עוֹדְדוּ הַנָּשִׁים אֶת הָאֲנָשִׁים - ״בִּזְכוּת נָשִׁים צִדְקָנִיּוֹת שֶׁבְּאוֹתוֹ דוֹר נִגְאֲלוּ יִשְׂרָאֵל מִמִּצְרַיִם״ [סוֹטָה י״א ע״ב].

Chapter 1 - Lesson 4

A practical approach to understanding the role of a woman's emotions.

Chazal have pointed out an advantage to the control of emotions (Gemara Berachot 10b) "A woman perceives guests more acutely than a man." In order to decide whether or not it is appropriate to extend hospitality to that guest one must know him thoroughly to gather information about him, and based on that information evaluate it and make a decision. However, the wife's decision rests on her feelings and emotions, and she has no need to be guided by the rules of logic. She is very likely to say after only a brief meeting – It's worthwhile to get acquainted with this person, or the opposite. If she was asked "Could you explain the rationale for your decision," she would answer "I have a feeling about this" – meaning, she made her decision based on her intuition. In this context as well the wife is a helpmate to her husband –with her emotional advantage she compliments her husband.

Because of her emotion-based sense of intuition she has a simple faith in Hashem which is pure and rooted in the depths of her feelings, and she is not guided by analytical logic. This is a quote from the sefer Oznayim L'Torah authored by the Gaon Rabbi Zalman Sorotzkin *ZT"L* "Feelings of the heart and an understanding that is based on them, in this regard a woman is superior to a man because a woman's feelings are more acutely developed than the feelings of a man. A woman with an understanding heart and developed feelings is more capable than a man to know The-One-Who-Spoke-and-Created-the-World." With her pure faith that is an integral part of her nature the wife more than her husband will stand strong and will not collapse in times of the pressures of the difficulties of life's tests, as Chazal have said (in Gemara Sotah 11b) that in Egypt the women gave strength to the men – and because of the merit of the righteous women of that generation we were redeemed out of Egypt."

יֵשׁ לְהִתְחַשֵּׁב בָּאֱמוּנָה הַתְּמִימָה שֶׁל הָאִשָּׁה. לְמָשָׁל, לֹא תָּמִיד מְסֻגֶּלֶת הָאִשָּׁה לְהָבִין שֶׁבַּעְלָהּ קָם מְאֻחָר, וְאֵינוֹ הוֹלֵךְ אֶל הַמִּנְיָן הַקָּבוּעַ שֶׁלּוֹ, כֵּיוָן שֶׁלָּמַד עַד מְאֻחָר בַּלַּיְלָה. אוֹ אֵינָהּ מְבִינָה מַצָּבִים דּוֹמִים שֶׁאוּלַי מֻצְדָּקִים מִכֹּחַ שִׁקּוּל שִׂכְלִי, אֲבָל אֵינָם מִתְקַבְּלִים עַל הַלֵּב.

מאמר ה.

"מְכַבְּדָהּ יוֹתֵר מִגּוּפוֹ"

רַזַ"ל לִמְּדוּ עַל הַחוֹבָה לְהִתְחַשֵּׁב בִּרְגִשִׁיּוּתָהּ שֶׁל הָאִשָּׁה בַּבָּרַיְתָא [יְבָמוֹת ס"ב סוֹף ע"ב]: "תָּנוּ רַבָּנָן, הָאוֹהֵב אֶת אִשְׁתּוֹ כְּגוּפוֹ, וְהַמְכַבְּדָהּ יוֹתֵר מִגּוּפוֹ... עָלָיו הַכָּתוּב אוֹמֵר "וְיָדַעְתָּ כִּי שָׁלוֹם אָהֳלֶךָ". וּפֵרֵשׁ רַשִׁ"י: "יוֹתֵר מִגּוּפוֹ - דְּזִילוּתָא דְּאִתְּתָא קָשֶׁה מִדְּגַבְרָא". לֵאמֹר, הָאִשָּׁה פְּגִיעָה יוֹתֵר מֵאֲשֶׁר הַגֶּבֶר.

אַמַּת הַמִּדָּה שֶׁל הִתְנַהֲגוּתֵנוּ כְּלַפֵּי חֲבֵרֵנוּ הִיא כְּדִבְרֵי הִלֵּל: "דְּעָלָךְ סָנֵי לְחַבְרָךְ לֹא תַּעֲבִיד" [שַׁבָּת ל"א ע"א]. וּמִכְּלַל לָאו אַתָּה שׁוֹמֵעַ הֵן - מַה שֶּׁלֹּא הָיָה פּוֹגֵעַ בִּי, אוּכַל לְהַנִּיחַ שֶׁגַּם בַּחֲבֵרִי לֹא יִפְגַּע. אוּלָם כְּלָל זֶה אֵינוֹ תּוֹפֵס כְּלַפֵּי הָאִשָּׁה, כֵּיוָן שֶׁהִיא רְגִישָׁה יוֹתֵר. לָכֵן דָּרְשׁוּ חֲזַ"ל מֵאִתָּנוּ: "מְכַבְּדָהּ יוֹתֵר מִגּוּפוֹ". אֵין לְדַבֵּר עִם אִשְׁתְּךָ כְּפִי שֶׁאַתָּה רָגִיל לְדַבֵּר עִם הַחַבְרוּתָא שֶׁלְּךָ, כְּגוֹן שֶׁאַתָּה אוֹמֵר לוֹ בְּרִיתְחָא דְּאוֹרָיְתָא:

It is appropriate to take into consideration the pure faith of a woman. For example, a wife is not always capable of understanding that her husband got up late in the morning and he did not go to his regular minyan because he had been learning late the night before, or she is not aware of some other similar circumstance that logically he might be right in what he does, but nevertheless she won't sincerely believe him because her intuition is telling her otherwise.

Chapter 1 - Lesson 5

Honoring his wife more than himself.

Chazal taught that the husband's obligation is to take into consideration the emotional feelings of his wife from a Baraytah (in Gemara Yevamot, towards the bottom of page 62b) "It has been taught by Our Rabbis – One who loves his wife as he loves himself and honors her \ and respects her more than himself…regarding this husband the text says (Eyyov 5:24) "and know that your home will be peaceful." Rashi there explains the words "more than himself" as "because the emotional embarrassment of a woman is more painful than the embarrassment of a man," to teach us that a woman is more emotionally fragile than a man and that her feelings are hurt much more easily than his feelings.

The measure of a person's conduct with others is as Hillel expressed his rule (in Gemara Shabbat 31a) "What is distasteful to you do not do to your fellow Jew," and from this negative statement one can infer a positive statement – "What is not offensive to me I can do to my fellow Jew because I can assume that it will also not be offensive to him." However, this rule is not at all applicable to one's wife since she is more sensitive than he is. It is for this reason that Chazal ask of us husbands "Honor her more than yourself." Do

"אַתָּה מְדַבֵּר שְׁטֻיּוֹת" אוֹ: "אַל תְּבַלְבֵּל לִי אֶת הָרֹאשׁ עִם הַסְּבָרוֹת שֶׁלְּךָ", וְכַדּוֹמֶה. אוּלָם בַּדִּבּוּרִים עִם הָאִשָּׁה צָרִיךְ לְהַחְמִיר יוֹתֵר מִגּוּפוֹ.

וְיֵשׁ לְהוֹסִיף: צָרִיךְ לְהַקְפִּיד מֵרֵאשִׁית יְסוֹד הַבַּיִת עַל רָמַת דִּבּוּר נָאוֹתָה. כְּפִי שֶׁמַּעֲמִידִים הַדְּבָרִים בְּרֵאשִׁית הַדֶּרֶךְ, כָּךְ הַהֶמְשֵׁךְ לְכָל אֹרֶךְ הַדֶּרֶךְ. זֶהוּ כְּלָל גָּדוֹל בְּבִנְיַּת הַבַּיִת, וְכֵן הוּא בְּאֹפֶן הַדִּבּוּר, אַל נַכְנִיס לְבָתֵּינוּ "סְלֶנְג" שֶׁל רְחוֹב וְדִבּוּרִים זוֹלִים. וְכָאָמוּר, כְּלַפֵּי הָאִשָּׁה צָרִיךְ בְּיִחוּד זְהִירוּת יֶתֶר. וְכֵן בְּסֻגְיַת אוֹנָאַת דְּבָרִים [בָּבָא מְצִיעָא נ"ט ע"א] הִזְהִירוּ רַזַ"ל בְּיִחוּד עַל אוֹנָאַת אִשְׁתּוֹ: "אָמַר רַב, לְעוֹלָם יְהֵא אָדָם זָהִיר בְּאוֹנָאַת אִשְׁתּוֹ (רַשִׁ"י: אוֹנָאַת דְּבָרִים לְצַעֲרָהּ), שֶׁמִּתּוֹךְ שֶׁדִּמְעָתָהּ מְצוּיָה אוֹנָאָתָהּ קְרוֹבָה".

מאמר ו.

"אֵין הָאִשָּׁה מְקַבֶּלֶת פִּיּוּס"

עַל צַד נוֹסָף שֶׁנּוֹבֵעַ מִשְּׁלִיטַת הָרֶגֶשׁ אֵצֶל הָאִשָּׁה, לִמְּדוּנוּ חֲזַ"ל [נִדָּה ל"א ע"ב]: "וּמִפְּנֵי מָה הָאִישׁ מְקַבֵּל פִּיּוּס, וְאֵין הָאִשָּׁה מְקַבֶּלֶת פִּיּוּס - זֶה מִמָּקוֹם שֶׁנִּבְרָא, וְזוֹ מִמָּקוֹם שֶׁנִּבְרֵאת". וּפֵרֵשׁ רַשִׁ"י: "מְקַבֵּל פִּיּוּס - נוֹחַ לִרְצוֹת. זֶה מִמָּקוֹם שֶׁנִּבְרָא - אֲדָמָה עָפָר תִּיחוֹחַ נוֹחַ לְבַטֵּל, אֲבָל בָּשָׂר וַעֲצָמוֹת קָשִׁין".

not speak to your wife as you are accustomed to speaking to your learning-partner. For example, you might tell him during an intense debate in Torah learning – "You are speaking nonsense," or "Don't confuse me with your theories," and similar remarks. However, in conversation with your wife you must be very careful in the choice of the language you use, much more careful than the language you might use outside the house.

Additionally, from the very outset of establishing one's home one must be extremely careful that his speech must always be appropriate. The manner in which a person expresses himself at the beginning of his married life is the way the conversation will continue throughout his married life. This is a very fundamental rule in all aspects of establishing one's home, and this is also true regarding the way one speaks; Do not bring into your home the slang of the street and its vulgarities. And as we've said, in particular, relative to one's wife one must be especially careful that he must pay close attention to his choice of words. Carrying this idea further, within the framework of negative language that is oppressive, Chazal have specifically warned a husband about oppressing his wife (Gemara Babba Metziah 59a) "Rav said – A husband must always be very careful not to say things that would upset his wife (Rashi – Using words that would cause her grief or pain and cause her to become sad) since her tears are always close to the surface oppressive words will easily offend her.

Chapter 1 - Lesson 6

A wife does not accept appeasement.

On a related topic that arises from a woman being controlled by her emotions, Chazal have taught us (in Gemara Niddah 31b) "The reason why a man will accept appeasement but a woman won't

קָרָה שֶׁהָיָה מֶתַח אוֹ אֲפִלּוּ רִיב בֵּין בְּנֵי הַזּוּג, וְהִתְפַּשְּׁרוּ וּבָאוּ לִידֵי הֲבָנָה הֲדָדִית (עָלוּל לִקְרוֹת אִי הֲבָנָה שֶׁמְּבִיאָה עַד כְּדֵי מֶתַח וְרִיב, אֲבָל צָרִיךְ לַעֲשׂוֹת כָּל מַאֲמָץ לְהַשְׁלִים מַהֵר כְּכָל הָאֶפְשָׁר). וְהִנֵּה כַּעֲבֹר שָׁבוּעוֹת אוֹ חֳדָשִׁים בְּהִזְדַּמְּנוּת שֶׁל מֶתַח חָדָשׁ מַעֲלָה הָאִשָּׁה אֶת עִנְיַן הָרִיב, שֶׁכְּבָר מִזְּמַן הִשְׁלִימוּ עָלָיו. לִמְּדוּנוּ רַזַ״ל שֶׁאַל יִתְרַגֵּז הָאִישׁ עַל זֶה וְיִטְעַן כְּלַפֵּי אִשְׁתּוֹ - הֲרֵי כְּבָר מִזְּמַן הִשְׁלַמְנוּ, וְלָמָּה אַתְּ מַעֲלָה אֶת הָרִיב מֵחָדָשׁ. אֶלָּא יֵדַע נָא כִּי זֶהוּ טֶבַע הָאִשָּׁה. אֶפְשָׁר לְהָבִין זֹאת מִתּוֹךְ שְׁלִיטַת הָרֶגֶשׁ אֶצְלָהּ. הַשֵּׂכֶל מוּכָן לְהִתְפַּשֵּׁר וּלְקַבֵּל הֶסְבֵּרִים, וְגַם לְהָבִין שֶׁלֹּא כְּדַאי לִשְׁמֹר טִינָה בַּלֵּב, וְהוּא יוֹדֵעַ לְוַתֵּר. אוּלָם הָרֶגֶשׁ אֵינוֹ מִתְפַּיֵּס מַהֵר, וְגַם הַפִּיּוּס אֵינוֹ סוֹפִי, כִּי סוֹף סוֹף נִשְׁאָר מִשְׁקָע כָּל שֶׁהוּא בָּרֶגֶשׁ שֶׁעָלוּל לְהִתְעוֹרֵר שׁוּב כַּעֲבֹר זְמַן. אִם הַבַּעַל יוֹדֵעַ זֹאת - הוּא מוּכָן לָזֶה מֵרֹאשׁ וְאֵינֶנּוּ מֻפְתָּע, וְגַם אֵינוֹ מִתְרַגֵּז עַל זֶה, אֶלָּא מוֹסִיף פִּיּוּס עַל פִּיּוּס בְּסַבְלָנוּת, עַד שֶׁרֶגֶשׁ אִשְׁתּוֹ בָּא לִידֵי סִפּוּקוֹ.

accept appeasement is because of where each one came from when they were created." Rashi explains – He can be placated because by nature he is softer, as he was created from softened earth that is easily restored, but flesh and bones are hard, as woman was created from man's bone.

It can happen that tension or even arguments occur between husband and wife, and subsequently they compromise and come to a mutual understanding (occasionally a misunderstanding can occur which leads to tension and argument, still, one must exert every effort to make peace as quickly as possible). If sometime later on or after a few weeks or months a new tension developed – It is the nature of a woman to renew the details of the earlier argument which was resolved and forgotten out of her husband's mind. Chazal have taught us that the husband should not react angrily to his wife and say to her – "That argument was ended a long time ago, why are you bringing it up now all over again?!" Rather, he should know that is the nature of women. Her attack can be understood because her nature is to be guided by her emotions, whereas his intellect is prepared to compromise and accept plausible explanations, and he understands that it is not worth harboring a grudge in one's heart. Therefore, he knows how to make concessions and will let the matter slide by and be forgotten. However, women's emotions are not as easily placated, and his appeasements are not completely accepted because in the end there is still a remnant of emotion from that initial argument internalized within her which may be aroused again even after some time has elapsed. If the husband is aware of this – he is prepared to deal with it in advance and will not be surprised by her response nor will he be upset by it, rather, he will continue to patiently validate her until her emotions are satisfied and she will put the matter behind her and forget the incident.

מאמר ז.

"נִתַּן בָּהּ בִּינָה יוֹתֵר מִן הָאִישׁ"

הַתּוֹרָה מְגַלָּה לָנוּ צַד נוֹסָף בְּאָפְיָהּ הַמְיֻחָד שֶׁל הָאִשָּׁה. "וַיִּבֶן ה' אֱלֹקִים אֶת הַצֵּלָע אֲשֶׁר לָקַח מִן הָאָדָם לְאִשָּׁה" [בְּרֵאשִׁית ב', כ"ב] וְדָרְשׁוּ רַזַ"ל: "נִתַּן בָּהּ בִּינָה יוֹתֵר מִן הָאִישׁ" [בְּרֵאשִׁית רַבָּה י"ח, א']. בְּחָכְמָה: מַה שֶּׁאָדָם שׁוֹמֵעַ דְּבָרִים מֵאֲחֵרִים לָמַד. וּבִתְבוּנָה: מֵבִין דָּבָר מִלִּבּוֹ מִתּוֹךְ דְּבָרִים שֶׁלָּמַד" [רַשִׁ"י שְׁמוֹת ל"א, ג']. בְּחִינַת חָכְמָה הִיא - כַּאֲשֶׁר אָדָם תּוֹפֵס וּמַקִּיף אֶת מַה שֶּׁשָּׁמַע מֵרַבּוֹ, וְקָלַט אֶת הַדְּבָרִים, עַד כְּדֵי שֶׁיּוּכַל לִמְסֹר אוֹתָם כַּהֲוָיָתָם. בְּחִינַת בִּינָה הִיא - כַּאֲשֶׁר מְפָרֵק לְחֶלְקֵיהֶם אֶת הַדְּבָרִים שֶׁשָּׁמַע, וְהוּא יָכוֹל לִבְנוֹת מִן הַחֲלָקִים הָאֵלֶּה בִּנְיָנִים חֲדָשִׁים שֶׁלֹּא שָׁמַע מֵרַבּוֹ (בִּינָה מִלְּשׁוֹן אֶבֶן - בִּנְיָן) אֲבָל נוֹבְעִים הֵם מִתּוֹרַת רַבּוֹ.

ה' יִתְבָּרַךְ נָתַן לָאִשָּׁה תְּכוּנָה לִרְאוֹת אֶת הַפְּרָטִים מִתּוֹךְ הַבִּנְיָן, וְלֹא רַק לִרְאוֹת אֶת כְּלַל הַבִּנְיָן, וְהִיא יְכוֹלָה לַעֲסֹק בִּפְרָטִים אֵלֶּה וְלִמְצֹא בָּהֶם עִנְיָן, וְלִבְנוֹת מֵהֶן תִּרְכּוֹבוֹת שׁוֹנוֹת. תְּכוּנָה זוֹ נְחוּצָה לָהּ לְמִלּוּי תַּפְקִידָהּ. חוֹבוֹת הַבַּיִת הַמֻּטָּלוֹת עַל הָאִשָּׁה הֵן עִסּוּק בִּפְרָטִים, וְלִפְעָמִים בִּפְרָטִים קְטַנִּים וּפְעוּטִים, שֶׁאֵין לַגֶּבֶר אֹרֶךְ רוּחַ בִּשְׁבִילָם (לָכֵן מִקְצוֹעַ הַמַּזְכִּירוּת הוּא עִסּוּק נָשִׁי, כִּי דּוֹרֵשׁ טִפּוּל בִּפְרָטִים קְטַנִּים וְחַד-גּוֹנִיִּים).

Chapter 1 - Lesson 7

She was given more insight than her husband.

The Torah discloses to us yet another aspect of the distinct personality of a woman. (Beresheet 2:22) "Hashem built a woman from the rib He took from man." Chazal expounded on this pasuk as "Hashem gave her more insight than the man" (Midrash Beresheet Rabbah 18:1) "In wisdom – Wisdom is what a man hears from others and learns; In understanding – Understanding means he understands something insightful by himself based on the words he learned from others." (Rashi, Shemot 31:3) "Wisdom" is defined as – When a person absorbs and then comprehends what he heard from his Rebbe and internalizes those concepts to the point where he can in turn transmit them to others without adulteration. "Understanding" is defined as – When a person breaks down into separate components the things he's heard and is then able to reassemble those components into new, novel meaningful ideas that he did not hear from his Rebbe but nevertheless emerge from the teachings of his rebbe. (The word "Binah" which means "Understanding" is related both to the word "Ehven" – a stone \ brick – and to the word "Binyan" \ "Building," meaning, to build on his Rebbe's word).

Hashem Yitbarach endowed women with a special attribute of being able to perceive and understand the subtle details within a general situation and see beyond those things that are superficial and obvious. She is able to delve into the subtleties of those details in a meaningful way, and from them build different outcomes. This attribute is important to her in order for her to be able to fulfill her mission within the family. The obligations of the household that rest on the wife deal with many details, and occasionally even on the most insignificant minute details, things that a man has no patience for. (Thus, the secretarial "profession" is a women's profession since it requires dealing with very many tiny and monotonous details).

גַּם בִּתְכוּנָה זוֹ הִיא עֵזֶר כְּנֶגְדּוֹ וּמַשְׁלִימָה אֶת תְּכוּנוֹת הַבַּעַל. יֵשׁ שֶׁהַבַּעַל מְתַכְנֵן תָּכְנִית גְּדוֹלָה, שֶׁנִּרְאֵית בִּכְלָלוּתָהּ כְּמַצְלַחַת, אוּלָם הָאִשָּׁה חוֹדֶרֶת בְּמַבָּטָהּ אֶל הַפְּרָטִים הַקְּטַנִּים הַמַּעֲשִׂיִּים, וְעַל יְדֵי זֶה מְגַלָּה אֶת הַצְּדָדִים הַחַלָּשִׁים שֶׁל הַתָּכְנִית. עַל כְּגוֹן זֶה אָמְרוּ רַזַ"ל [יְבָמוֹת ס"ב ע"ב]: "כָּל אָדָם שֶׁאֵין לוֹ אִשָּׁה שָׁרוּי... בְּלֹא חוֹמָה, דִּכְתִיב 'נְקֵבָה תְּסוֹבֵב גָּבֶר'"[4]. דּוֹמֶה אוּלַי שֶׁהָאִשָּׁה לִפְעָמִים קַטְנוּנִית מִדַּי, אוּלָם דַּוְקָא בָּזֶה הִיא שׁוֹמֶרֶת עַל בַּעְלָהּ, כִּי אֵינָהּ מְדַלֶּגֶת עַל הַפְּרָטִים הַקְּטַנִּים. אָמְרוּ רַזַ"ל [בָּבָא מְצִיעָא נ"ט ע"א]: "אִתְּתָךְ גּוּצָה גָּחִין וְלָחִישׁ לַהּ"[5] - גַּם כְּשֶׁנִּרְאֵית לְךָ קַטְנוּנִית - תִּתְיַעֵץ אִתָּהּ.

לְסִכּוּם: כְּדֵי לְהִתְנַהֵג וּלְהִתְיַחֵס בְּכָל הַמַּצָּבִים וְהַנְּסִבּוֹת כְּלַפֵּי הָאִשָּׁה בְּאֹפֶן נָכוֹן, צָרִיךְ לִלְמֹד אֶת פָּרָשַׁת "עֵזֶר כְּנֶגְדּוֹ" - בַּמֶּה הִיא שׁוֹנָה, וְלָדַעַת שֶׁעַל יְדֵי הַשֹּׁנִי הִיא לָנוּ לְעֵזֶר. אַל נְנַסֶּה לְשַׁנּוֹת אֶת אָפְיָהּ הַשּׁוֹנֶה, אֶלָּא לְהֶפֶךְ - נִתְחַשֵּׁב בּוֹ, וְנִרְאֶה בּוֹ אֶת בִּרְכַּת הָעֵזֶר.

4. מִכָּאן נוֹבֵעַ הַמִּנְהָג שֶׁהַכַּלָּה מְסוֹבֶבֶת אֶת הֶחָתָן.

5. רַשִׁ"י: "אִשְׁתְּךָ קְטַנָּה, כְּפֹף עַצְמְךָ וּשְׁמַע דְּבָרֶיהָ".

Also, with this attribute of being able to patiently deal with a situation that has very many small details she helps her husband and perfects his character. Sometimes the husband plans a grandiose project that in its totality seems to him to be perfect and successful, however his wife is able to look deeper into the fine details of the plan and is thus able to discover the weak points of the plan which her husband overlooked. Regarding this situation and others like it Chazal have said (in Gemara Yevamot 62b) "Any man who has no wife is in a state ...without an encircling protective wall," as it is written (Yirmiyah 31:21) "The female will circle around the male."[4] Occasionally it seems as though the wife worries too much about small petty details, but nevertheless in this specific framework she guards the welfare of her husband because she does not skip any of the small details. Regarding this Chazal said (in Gemara Babba Metziah 59a) "If your wife is short, bend over to listen to her. Even when she appears to you to be petty, take advice from her."[5]

In summary, in order for the Chatan to conduct himself correctly with his wife in all circumstances and situations he must study this topic of "A helpmate standing opposite him who is different than him" and learn in which ways she is different than him, and understand that because she is different than him she will be a helping life's partner. Don't attempt to challenge her to change her personality to be more like you, rather just the opposite, appreciate her for her differences and you will experience the Beracha of a life's partner.

---

4. This pasuk is the basis of the custom of a bride circling around her new husband under their wedding Chupah.

5. Rashi : "If you wife is short, bend yourself over and listen to her words."

פֶּרֶק שֵׁנִי

מִכְתָּבוֹ שֶׁל מָרָן הַחֲזוֹן-אִישׁ זַצַ"ל

הָבָה נִלְמַד אֶת מִכְתָּבוֹ שֶׁל מָרָן הַחֲזוֹן אִישׁ זַצַ"ל, שֶׁבּוֹ נוֹתֵן הוֹרָאוֹת לְאַבְרֵךְ בִּשְׁנָתוֹ הָרִאשׁוֹנָה לְנִשּׂוּאָיו. נָבִיא אֶת הַמִּכְתָּב בִּשְׁלֵמוּת, וְאַחַר כֵּן נְעַיֵּן בּוֹ פִּסְקָא אַחַר פִּסְקָא, כִּי כָּל דְּבָרָיו צְרִיכִים תַּלְמוּד, וְכֻלָּם יְסוֹדוֹת גְּדוֹלִים שֶׁמְּאִירִים לָנוּ אֶת בִּנְיַן הַבַּיִת.

"נָקִי [יִהְיֶה לְבֵיתוֹ שָׁנָה אַחַת] וְשִׂמַּח אֶת אִשְׁתּוֹ אֲשֶׁר לָקַח. חוֹבָה! כֵּיצַד מְשַׂמְּחָהּ? טֶבַע שֶׁלָּהּ לְהִתְעַנֵּג עַל חִנָּהּ בְּעֵינָיו, וְאֵלָיו עֵינֶיהָ נְשׂוּאוֹת. עָלָיו לְהִשְׁתַּדֵּל לְהַרְאוֹת אַהֲבָה וְקֵרוּב בְּרִבּוּי שִׂיחָה וְרִצּוּי (וּמַה שֶּׁאָמְרוּ אַל תַּרְבֶּה וְכוּ׳, בְּאֵינוֹ צָרִיךְ לְרִצּוּי מְדַבֵּר, וְלֹא בְּשָׁנָה רִאשׁוֹנָה שֶׁצָּרִיךְ לְהִשְׁתַּדְּלוּת הִתְאַחְדוּת, שֶׁזֶּה כַּוָּנַת הַיְצִירָה - וְהָיוּ לְבָשָׂר אֶחָד, וְאָמַר שְׁכִינָה וְכוּ׳). לִפְעָמִים הִתְיַחֲסוּת בְּכָבוֹד וְחֶרְדַּת דֶּרֶךְ אֶרֶץ מַרְאָה חֶסְרוֹן קֵרוּב. וְצָרִיךְ לְהִתְיַחֵס בְּיִחוּס יוֹתֵר קָרוֹב, אֲשֶׁר יִחוּס מְכֻבָּד לֹא יִמְצָא לוֹ מָקוֹם, וּבְדִיחוּת וְקַלּוּת יוֹתֵר אָהוּב מִכֹּבֶד רֹאשׁ וְחֶרְדַּת הַכָּבוֹד. וְצָרִיךְ לְהִתְאַמֵּץ לְהִתְנַהֵג בְּאֹפֶן יוֹתֵר מֵרֹב וּבְיִחוּס יַד יָמִין לִשְׂמֹאל, שֶׁאֵינוֹ דָּבָר חוּצִיִּי אֶלָּא עַצְמִיִּי. אֵין לְדַבֵּר בִּלְשׁוֹן נוֹכְחוּת, אֶלָּא בִּלְשׁוֹן נוֹכְחִי. לְהוֹדִיעַ בִּיצִיאָה

Chapter 2

A letter from our master, the Chazon Ish ZT"L .

Come let us study the letter written by our master, the Chazon Ish *ZT"L* in which he gives instruction to the newly-married Kollel student in the first year of his marriage. We will quote the entire letter, and following that we will analyze it sentence by sentence because all of his insights need to be studied in order to fully understand them, and each of those insights is a very basic and fundamental lesson that illuminates for us the process of building a healthy marriage relationship.

The Letter

(Devarim 24:5) "Undistracted [he should be to his new bride their first year] and he should make his new wife happy;" it is mandatory! How does he make her happy? Her nature is to take pleasure from his appreciation of her, and she looks only to him for recognition. His job is to try to demonstrate love and a closeness to her by engaging her in conversation and words of endearment (and regarding the teaching of Chazal not to talk to her excessively… that is addressing a time when he does not need to endear himself to her, nor does that statement apply to the first year of their marriage which requires effort to bond together since that is the intent of Creation, "that they will be one bonded entity," and they further said that the Shechinah will be found within this bonded husband and wife "team"). On occasion a respectful relationship and strict etiquette demonstrates a lack of closeness. One needs to relate in a

לְאָן הוֹלֵךְ, וּבְשׁוּבוֹ מֶה עָשָׂה, וְכַיּוֹצֵא בָּזֶה בִּדְבָרִים קְטַנִּים. וּבְדִבְרֵי חִזּוּק לְשַׂמֵּחַ לֵב. וְצָרִיךְ לְבַקֵּשׁ רַחֲמִים, כְּמוֹ שֶׁאָמְרוּ 'בְּכָל דְּרָכֶיךָ וְכוּ' וְהוּא יְיַשֵּׁר וְכוּ'".

מאמר א.

וְשִׂמַּח אֶת אִשְׁתּוֹ

מָרָן הֶחָזוֹן אִי"שׁ מוֹסִיף לַפָּסוּק עַל מִצְוַת "וְשִׂמַּח אֶת אִשְׁתּוֹ רַק מִלָּה אַחַת: חוֹבָה. כַּוָּנָתוֹ שֶׁהַשִּׁחְרוּר מִלָּצֵאת לַצָּבָא וּמִכָּל הִתְחַיְּבוּת לַעֲזֹר לַמַּאֲמָץ הַמִּלְחַמְתִּי אֵינוֹ פְּרִיוִילֶגְיָה, הַיְנוּ זְכוּת יֶתֶר בְּמֶשֶׁךְ שָׁנָה רִאשׁוֹנָה לַנִּשּׂוּאִים, אֶלָּא זוֹ חוֹבָה! חוֹבָה שֶׁאֵינָהּ פְּחוּתָה מֵהַחוֹבָה לָצֵאת לַמִּלְחָמָה וְלִמְסֹר אֶת נַפְשׁוֹ לְמַעַן עַם יִשְׂרָאֵל!

closer more personal manner in which a 'respectful relationship' has no place; laughing and light easy conversation is more desirable and will do more to establish a bonded relationship than serious respect and addressing the person with great honor. One must work hard to conduct oneself in a way that demonstrates feelings of closeness with an attitude of sensitivity and paying attention to what your partner is saying comparable to the relationship between a person's right hand and left hand which is not something external, rather it is one and the same thing. Don't speak to her in an ambiguous way, rather speak to her in a direct way, when you are leaving tell her where you are going, and when you return say what you did; and in a similar way with all of the seemingly unimportant things that you do. Bonding also comes with words of encouragement that make her happy, words that gladden her heart. In all of these things one must ask Hashem for mercy, as it is written (Mishle 3:6) "In all of your ways…and He will guide you to a straight path."

---- ℘ ----

Chapter 2 - Lesson 1

Making your wife happy.

Our master, the Gaon Chazon Ish adds an additional word to the mitzvah of "making your wife happy" – only one word – "**mandatory**." His intent is that in the first year of marriage the exemption from serving in the army and assisting in the logistical support of troops is not a privilege – meaning, the exemption is not merely an extra benefit during the Chatan's first year of marriage, rather, it is a mandatory obligation. This obligation to make his wife happy is not any less important than everyone else's obligation

נַסְבִּיר אֶת הַדְּבָרִים: יֵשׁ שְׁתֵּי פָּרָשִׁיּוֹת שֶׁל יוֹצְאֵי מִלְחָמָה, אַחַת בְּפָרָשַׁת שֹׁפְטִים, וְאַחַת בְּפָרָשַׁת כִּי תֵצֵא. בְּפָרָשַׁת שֹׁפְטִים [כ', ז'] נֶאֱמַר: "וּמִי הָאִישׁ אֲשֶׁר אֵרַשׂ אִשָּׁה וְלֹא לְקָחָהּ יֵלֵךְ וְיָשֹׁב לְבֵיתוֹ, פֶּן יָמוּת בַּמִּלְחָמָה וְאִישׁ אַחֵר יִקָּחֶנָּה". אֵרוּסִין מֵהַתּוֹרָה הֵם קִדּוּשִׁין, הַיְנוּ מִי שֶׁיְּקַדֵּשׁ אִשָּׁה וַעֲדַיִן לֹא לְקָחָהּ - עֲדַיִן לֹא הִכְנִיס אוֹתָהּ לְחֻפָּה - פָּטוּר מִלָּלֶכֶת אֶל הַחֲזִית, שֶׁמָּא יֵהָרֵג. אֲבָל חַיָּב הוּא לַעֲזֹר לְעוֹשֵׂי מִלְחָמָה, כְּנֶאֱמַר בַּמִּשְׁנָה בְּסוֹטָה [מ"ג ע"א]: "וְחוֹזְרִין וּמְסַפְּקִין מַיִם וּמָזוֹן וּמְתַקְּנִין אֶת הַדְּרָכִים". לָכֵן הוּא יוֹצֵא עִם כָּל עוֹרְכֵי הַמִּלְחָמָה, כִּי אֵינוֹ פָּטוּר מֵהַמַּאֲמָץ הַמִּלְחַמְתִּי, אֶלָּא רַק מִלָּלֶכֶת אֶל הַחֲזִית.

הַפָּרָשָׁה הַשְּׁנִיָּה בְּכִי תֵצֵא [כ"ד ה'] מְדַבֶּרֶת עַל מִי שֶׁנָּשָׂא אִשָּׁה - שֶׁהִכְנִיסָהּ לְחֻפָּה: "כִּי יִקַּח אִישׁ אִשָּׁה חֲדָשָׁה, לֹא יֵצֵא בַּצָּבָא, וְלֹא יַעֲבֹר עָלָיו לְכָל דָּבָר, נָקִי יִהְיֶה לְבֵיתוֹ שָׁנָה אַחַת וְשִׂמַּח אֶת אִשְׁתּוֹ אֲשֶׁר לָקָח". עָלָיו נֶאֱמַר שָׁם בַּמִּשְׁנָה: "אֵלּוּ שֶׁאֵין זָזִין מִמְּקוֹמָן... הַנּוֹשֵׂא אֶת אֲרוּסָתוֹ... אֵין מְסַפְּקִין מַיִם וְאֵין מְתַקְּנִין אֶת הַדְּרָכִים", וְכָךְ פֵּרֵשׁ רַשִׁ"י אֶת לְשׁוֹן הַפָּסוּק: "וְלֹא יַעֲבֹר עָלָיו לְכָל דָּבָר" - שֶׁהוּא צֹרֶךְ הַצָּבָא, לֹא לְסַפֵּק מַיִם וּמָזוֹן וְלֹא לְתַקֵּן דְּרָכִים".

תּוֹרָתֵנוּ הַקְּדוֹשָׁה מְלַמֶּדֶת אוֹתָנוּ אֶת חֲשִׁיבוּת חוֹבַת "נָקִי יִהְיֶה לְבֵיתוֹ שָׁנָה אַחַת וְשִׂמַּח אֶת אִשְׁתּוֹ אֲשֶׁר לָקָח" -

6. Sanctified her as his wife by giving her a ring or something of value in front of witnesses and saying to her "Behold you are sanctified to me with this ring according to the laws of Moses and Israel." (Rabbi Yosef Baraka)

to go into battle and put their lives on the line for the sake of the Jewish people.

We will explain these words: There are two parshiyot in the Torah that address a man going out to war, one in perashat Shoftim and the other in perashat Ki TehTzeh. In perashat Shoftim (Devarim 20:7) it is written (addressing soldiers about to go into battle) "Whoever married a woman and has not yet taken her into his home should go and return to his home, perhaps he will die and someone else will take her as a wife." From the perspective of Torah betrothal means Kedushin, meaning, a man who has sanctified a woman[6] but has not yet taken her as a wife - he has not yet taken her under a Chupah – is exempt from going to the battlefield lest he might be killed, but he is required to participate and help the war effort as it says in Mishnah Sotah (43a) "They return, and supply troops with water and food, and fix roadways for military transport. Therefore, this man who has engaged a "wife" travels with the army's logistical support since he is not exempt from the war effort, as he is exempt only from fighting in the battlefield.

The second perasha in Ki TehTzeh (Devarim 24:5) addresses a man who has married a woman, meaning, he has taken her under a Chupah and lived with her. "When a man takes a new woman as a wife he may not go into the army, and they may not obligate him to serve in the army for any reason. Undistracted, he will be focused on his wife in their first year of marriage and make this woman who he took as his new wife happy." Regarding this it says there in the Mishnah "The following are those who don't leave their place...one who marries the woman he is betrothed to...these men do not supply water nor do they repair the roads." Rashi explains the language of the pasuk as "They may not obligate him to serve in the army for any reason... things needed by an army, not to supply water or food, and not to repair roads."

Our holy Torah is teaching us the great lesson of the importance of the Chatan's obligation. "Undistracted - He will give his full attention to his new wife, and in their first year of marriage he will

מְשַׁחְרְרִים אוֹתוֹ מִכָּל חִיּוּב לַעֲזֹר בַּמִּלְחָמָה, כִּי יֵשׁ עָלָיו חִיּוּב לֹא פָחוֹת חָשׁוּב לְמַעַן קִיּוּם כְּלַל יִשְׂרָאֵל: יְסוֹד הַבַּיִת שֶׁלּוֹ! אַבְנֵי הַבִּנְיָן שֶׁל כְּלַל יִשְׂרָאֵל הֵם הַבָּתִּים. כַּאֲשֶׁר יָרְדוּ בְּנֵי יִשְׂרָאֵל לְמִצְרַיִם - "אִישׁ וּבֵיתוֹ בָּאוּ", כְּשִׁבְעִים בָּתִּים בָּאוּ לְמִצְרַיִם, וְכָךְ נִמְנָה כְּלַל יִשְׂרָאֵל: "לְמִשְׁפְּחֹתָם לְבֵית אֲבֹתָם" [בַּמִּדְבָּר א', ב']. שְׁלֵמוּת כָּל בַּיִת וּבַיִת הוּא חָסְנוֹ שֶׁל עַם יִשְׂרָאֵל! לָכֵן צָרִיךְ לְהַקְדִּישׁ אֶת הַשָּׁנָה הָרִאשׁוֹנָה - "נָקִי יִהְיֶה לְבֵיתוֹ שָׁנָה אֶחָת" - לִבְנוֹת אֶת שְׁלֵמוּת הַבַּיִת.

וְאִם תִּשְׁאַל - לָמָּה לֹא יֵשֵׁב בְּבֵיתוֹ, וּמִשָּׁם יַעֲזֹר לְסַפֵּק מַיִם וּמָזוֹן, הֲרֵי עוֹסֵק בַּשָּׁנָה הָרִאשׁוֹנָה בַּעֲסָקָיו כָּרָגִיל - הוּא הוֹלֵךְ אֶל הַכּוֹלֵל וְלִשְׁאָר עִסּוּקָיו. הַתְּשׁוּבָה הִיא שֶׁהַתּוֹרָה לֹא רָצְתָה לְהַטִּיל עָלָיו חִיּוּב צִבּוּרִי, כְּדֵי שֶׁיּוּכַל לְתַכְנֵן אֶת עִסּוּקָיו בְּהֶתְאֵם לַחִיּוּב הַגָּדוֹל הַמֻּטָּל עָלָיו - וְשִׂמַּח אֶת אִשְׁתּוֹ. זוֹהִי הַדְגָּשַׁת מָרָן הַחֲזוֹן אִי"שׁ - "חוֹבָה".

———— ೧ ————

מאמר ב.

כֵּיצַד מְשַׂמְּחָהּ?

עֲבוֹדַת הַשָּׁנָה הָרִאשׁוֹנָה הִיא "וְשִׂמַּח אֶת אִשְׁתּוֹ", עַל יְדֵי זֶה מְיַסְּדִים וּבוֹנִים אֶת הַבַּיִת. "כֵּיצַד מְשַׂמְּחָהּ?" - מָה הִיא הָעֲבוֹדָה הַזֹּאת? מָרָן הַחֲזוֹ"א מְגַלֶּה לָנוּ אֶת הַסּוֹד - הַיְסוֹד הָעִקָּרִי - הַהִתְנַהֲגוּת וְהַהִתְיַחֲסוּת כְּלַפֵּי הָאִשָּׁה, שֶׁצְּרִיכָה

remain undistracted by other occupations and will make her happy."
He is exempted from all obligation to help the war effort because he
has a primary obligation that is no less important for the sake of the
continuity of the Jewish nation, which is the establishment of his
home. The bricks which build the Jewish nation are the families.
When the Jewish people went down to Egypt (Shemot 1:1) "They
came each man with his family," and they arrived in Egypt as
seventy families. That is how the Jewish nation is counted, "by
families, each in the household of their fathers" (Bamidbar 1:2).
The perfection of each and every home is the strength and the might
of the Jewish people! Therefore, he must devote the first year of
marriage – "Undistracted he will be with his wife their first year,"
to build the perfection of their relationship and family.

And if you were to ask – Why can't he stay home and from there
help send supplies – water and food – to the army, since in this first
year he is involved in his normal routine; each day he goes to his
Kollel and attends to his other responsibilities?! Why not also assist
in the army? The answer is – The Torah does not want to impose on
him any communal responsibilities in order that he will be able to
plan his activities in accordance with the primary responsibility that
rests on him, namely, to create an environment and relationship with
his new wife that makes her happy. That is the emphasis stressed by
the Gaon Chazon Ish – It is "mandatory."

Chapter 2 - Lesson 2

How does he make her happy?

The Chatan needs to be committed in the first year of their marriage
to "making his wife happy," as through his effort their relationship

לָנוּט אֶת כָּל יְמֵי הַנִּשּׂוּאִין עַד מֵאָה וְעֶשְׂרִים, וּבְיוֹתֵר צְרִיכָה לְהַדְרִיךְ אוֹתָנוּ בַּשָּׁנָה הָרִאשׁוֹנָה, שֶׁבָּהּ מַנִּיחִים אֶת הַיְסוֹדוֹת לְהֶמְשֵׁךְ בִּנְיַן הַבַּיִת, וְעַל כֵּן הִיא קוֹבַעַת וּמַכְרַעַת בְּיוֹתֵר.

"טֶבַע שֶׁלָּהּ לְהִתְעַנֵּג עַל חִנָּהּ בְּעֵינָיו, וְאֵלָיו עֵינֶיהָ נְשׂוּאוֹת".

ה' יִתְבָּרַךְ הִטְבִּיעַ בָּאִשָּׁה אֶת הַתְּכוּנוֹת, שֶׁתּוּכַל לְמַלֵּא אֶת תַּפְקִידָהּ בִּשְׁלֵמוּת. הַמַּאֲמָר [בראשית ב:י"ח] "אֶעֱשֶׂה לּוֹ עֵזֶר כְּנֶגְדּוֹ" לֹא רַק מְגַלֶּה מַה שֶּׁהַקָּדוֹשׁ בָּרוּךְ הוּא רוֹצֶה לַעֲשׂוֹת, אֶלָּא הוּא בּוֹרֵא וְקוֹבֵעַ אֶת טֶבַע הָאִשָּׁה. כָּל מַהוּתָהּ - "עֵזֶר כְּנֶגְדּוֹ". "וְאֶל אִישֵׁךְ תְּשׁוּקָתֵךְ" - כָּל רְצוֹנָהּ מֻפְנֶה כְּלַפֵּי אִישָׁהּ. "אֵיזוֹ הִיא אִשָּׁה כְּשֵׁרָה כָּל שֶׁעוֹשָׂה רְצוֹן בַּעְלָהּ" [אֵלִיָּהוּ רַבָּה ט'], לֹא נֶאֱמַר כָּאן "אֵיזוֹ הִיא אִשָּׁה טוֹבָה", אֶלָּא "כְּשֵׁרָה", כְּלוֹמַר כְּשֵׁרָה וּמַתְאִימָה לְתַפְקִידָהּ. ה' יִתְבָּרַךְ חָנַן אוֹתָהּ בִּשְׁאִיפָה זֹאת - לִשְׁאֹף לַעֲשׂוֹת אֶת רְצוֹן בַּעְלָהּ. יֶתֶר עַל כֵּן חָנַן אוֹתָהּ ה' יִתְבָּרַךְ בְּהַרְגָּשַׁת סִפּוּק - לִהְיוֹת עֵזֶר כְּנֶגְדּוֹ וְלַעֲשׂוֹת אֶת רְצוֹנוֹ, כִּי רַק כָּךְ יְכוֹלָה הִיא לְמַלֵּא אֶת תַּפְקִידָהּ בְּהַצְלָחָה. אָכֵן הָאִשָּׁה מְצַפָּה תָּמִיד לְאִשּׁוּר מִצַּד בַּעְלָהּ - הַאִם הִיא עֵזֶר כְּנֶגְדּוֹ לִשְׂבִיעַת רְצוֹנוֹ. לָכֵן "טֶבַע שֶׁלָּהּ לְהִתְעַנֵּג עַל חִנָּהּ בְּעֵינָיו". וְלָכֵן "וְאֵלָיו עֵינֶיהָ נְשׂוּאוֹת" - תַּרְתֵּי מַשְׁמַע: כָּל מַבָּטָהּ עַל מַעֲשֶׂיהָ מְכֻוָּן אֵלָיו - לִהְיוֹת לוֹ לְעֵזֶר. הִיא גַּם מִסְתַּכֶּלֶת בּוֹ כְּדֵי לִמְצֹא בְּפָנָיו וּבִדְבָרָיו אִשּׁוּר לִשְׂבִיעַת רְצוֹנוֹ, וְהִיא בָּאָה עַל סִפּוּקָהּ וְתַעֲנוּגָהּ כַּאֲשֶׁר הִיא מוֹצֵאת אִשּׁוּר לִמְצִיאַת חֵן בְּעֵינָיו. לָכֵן הַבַּעַל צָרִיךְ לַעֲזֹר לָהּ שֶׁתּוּכַל לְמַלֵּא אֶת שְׁאִיפָתָהּ לַעֲשׂוֹת אֶת רְצוֹן בַּעְלָהּ וְלִהְיוֹת

is established and bonded. **"How does he make her happy**?" What exactly is this effort? Our Master the Chazon Ish revealed this secret to us. The basic foundation of a relationship is rooted in the conduct and relationship of the husband towards his wife. He must navigate this path throughout his married life until one hundred twenty years. Especially in the first year it must be guided properly, as in that year we build the foundation for the continuity of a tranquil marital relationship and the building of a home. That is why the first year is crucial more than any other time in determining the quality of their relationship and his conduct in that period determines the quality of their home more than anything that follows later on.

"Her nature is to take pleasure in her husband's appreciation of her, and she looks only to him for recognition."

Hashem Yitbarach endowed women with the qualities that give her the ability to fulfill her role perfectly as a helpmate to her husband and mother to their children. The statement (Beresheet 2:18) "I will create a helpmate for him," does not only reveal to us what HaKadosh Baruch Hu wants to do, but it also creates and determines the nature of a women. Her entire being is (Beresheet 3:16) "A helpmate standing next to her husband," "and to your husband will be your desire" – all of her desire is focused towards her husband. (The Midrash in Eliyahu Rabbah 9 asks) "Who is a 'kosher' wife? The one who does the will of her husband." The Midrash does not ask "Who is a good wife," rather it asks "Who is a 'kosher' wife," meaning, a wife who is well-qualified and fitting for her role in the family. Hashem Yitbarach graced her with this desire – a desire to do the will of her husband. More than this, Hashem Yitbarach graced her with a sense of satisfaction – to be a helpmate standing next to her husband and doing his will, because only then can she successfully fulfill her mission. However, the woman is constantly looking for validation from her husband – is she helping him to his satisfaction? Therefore "Her nature is to take pleasure from his sense of satisfaction," and because of that "her eyes look towards

עֵזֶר כְּנֶגְדּוֹ, וּמוּטֶלֶת עָלָיו הַחוֹבָה "לְהִשְׁתַּדֵּל לְהַרְאוֹת אַהֲבָה וְקֵרוּב". הַדָּגֵשׁ הוּא עַל "לְהַרְאוֹת". לֹא מַסְפִּיק שֶׁבְּקֶרֶב לִבּוֹ הִיא מוֹצֵאת חֵן בְּעֵינָיו, וְהוּא אוֹהֵב אוֹתָהּ, אוֹ הִצְהִיר עַל זֹאת פַּעַם אַחַת אוֹ פְּעָמִים אֲחָדוֹת, אֶלָּא צָרִיךְ יוֹם יוֹם לְהַרְאוֹת אַהֲבָה וְקֵרוּב, כִּי זֶה הָאִשּׁוּר שֶׁמַּגִּיעַ לָהּ בַּעֲבוּר שְׁאִיפָתָהּ הַתְּמִידִית לִהְיוֹת עֵזֶר כְּנֶגְדּוֹ.

וְכָךְ כּוֹתֵב מָרָן הגרי"י קַנְיֶבְסְקִי זַצ"ל, בַּעַל מְחַבֵּר סִפְרֵי קְהִלּוֹת יַעֲקֹב, אֶל אַבְרֵךְ: "... כַּיָּדוּעַ עִקַּר תִּקְוַת הָאִשָּׁה בְּעוֹלָמָהּ הִיא שֶׁיְּהֵא לָהּ בַּעַל הָאוֹהֵב אוֹתָהּ. וּכְשֶׁהִיא רוֹאָה שֶׁזֶּה אֵינוֹ, כִּמְעַט שֶׁקָּרוֹב לְפִקּוּחַ נֶפֶשׁ מֵרֹב צַעַר וְיָגוֹן עַל הֱיוֹתָהּ גַּלְמוּדָה כְּאַלְמְנוּת חַיּוּת". עוֹלָמָהּ שֶׁל הָאִשָּׁה הוּא הַבַּעַל שֶׁאוֹהֵב אוֹתָהּ, זוֹ כָּל תִּקְוָתָהּ וְצִפִּיָּתָהּ. וְאִם אֵין הַבַּעַל נוֹתֵן לָהּ אִשּׁוּר עַל כָּךְ - חָשַׁךְ בַּעֲדָהּ עוֹלָמָהּ. אֵין גְּדוֹלֵינוּ מַגְזִימִים, אִם כּוֹתֵב מָרָן "קָרוֹב לְפִקּוּחַ נֶפֶשׁ" - הַדְּבָרִים הֵם כַּהֲוָיָתָם, וְיוֹדֵעַ זֹאת מִמַּעֲשִׂים שֶׁבָּאוּ לְפָנָיו. אִם הָאִשָּׁה נִשְׁבֶּרֶת נַפְשִׁית, הִיא נוֹפֶלֶת בְּדִכָּאוֹן, וְנַעֲשֵׂית פְּגִיעָה לְכָל מִינֵי מַחֲלוֹת חַס וְשָׁלוֹם.

ר' יוֹסֵי קָרָא לְאִשְׁתּוֹ "בֵּיתִי", כִּי הִיא בּוֹנָה אֶת הַבַּיִת, וְדוֹאֶגֶת לְכָל צְרָכָיו הַגְּדוֹלִים וְהַקְּטַנִּים בְּיוֹתֵר. דַּאֲגָתָהּ לַבַּיִת הִיא לְמַעַן בַּעַל הַבַּיִת, שֶׁהוּא יַרְגִּישׁ בְּטוֹב וְנוֹחַ בְּתוֹךְ הַבַּיִת. וְלָכֵן "אֵלָיו עֵינֶיהָ נְשׂוּאוֹת" כְּבָר מֵרֶגַע כְּנִיסָתוֹ לַבַּיִת, וְהִיא מְצַפָּה

7. "like a lonely widow" \ גלמודה כאלמנות חיות refers to a woman abandoned by her husband, or whose husband is missing as she cannot remarry but she is alone like a widow. (Rabbi Daniel Harris)

him for approval." Two things are implied; Her entire outlook in doing what she does is directed to him – to be a help to him. Also, she looks to him to sense from the look on his face and from his words an expression of his approval, that she is satisfying his needs. She achieves satisfaction and pleasure when she senses his approval that she pleased him. Therefore, the husband must help her so that she can fulfill her own aspirations to do the will of her husband while being a helping life's partner to him standing next to him, and he is obliged **"to work and exert effort to show her love and closeness**," the emphasis being on "to show her." It is not enough that in the depths of his heart she is endeared to him and he loves her, or he occasionally acknowledges his appreciation of her, rather, each and every day he must demonstrate to her his love and closeness because that specifically is the approval she deserves for all of her constant desire to be his helping life's partner.

So too the author of the series of sefarim Kehilot Yaakov, the Steipler Gaon Rabbi Yaakov Yisrael Kanievsky *ZT"L* wrote to a young married man in Kollel "…as it is well known that the main desire of a woman in her life is that she should have a husband who loves her, yet when she sees that this is not so she is almost in a life-threatening state from her great sorrow and anguish, that she is like a lonely widow whose husband is alive[7]." The world of a woman is her husband who loves her, who encompasses all of her hopes and yearnings, and if her husband does not demonstrate his love to her, her world becomes darkened. Our great sages do not exaggerate. If our Master the Steipler Gaon wrote "It is close to a life-threatening situation;" his words are to be understood literally, as he knows this to be true from the life's experiences of the people who came to him for help. If the woman's spirit is broken she falls to depression and she becomes susceptible to all kinds of terrible illnesses, G-d forbid.

Rebbe Yossi called his wife "My house" because she is the one who builds the family and takes care of all of her family's needs, the biggest and the smallest. Her concern for the home is for the sake of her husband so that he will feel good and be at peace within his

לִקְרֹא עַל פָּנָיו וּבְכָל הִתְנַהֲגוּתוֹ, שֶׁאָכֵן בֵּיתוֹ - אִשְׁתּוֹ מוֹצֵאת
חֵן בְּעֵינָיו. יֵשׁ שֶׁהַבַּעַל בָּא הַבַּיְתָה מְהֻרְהָר בְּאֵיזֶה עִנְיָן,
וְלָכֵן אֵינוֹ שָׂם לֵב לְאִשְׁתּוֹ. הָאִשָּׁה מִאַכְזֶבֶת וְנִפְגַּעַת - לָמָה
אֵינוֹ שָׂמֵחַ לָבוֹא אֶל בֵּיתוֹ, הֲרֵי הִיא טוֹרַחַת כָּל כָּךְ בִּשְׁבִילוֹ
לְהַנְעִים לוֹ אֶת הַבַּיִת, וְהִיא מַרְגִּישָׁה זֹאת כִּפְגִיעָה אִישִׁית.
הַבַּיִת הוּא עוֹלָמָהּ שֶׁל הָאִשָּׁה, וּבְתוֹךְ הַבַּיִת הִיא רוֹצָה לִמְצֹא
אֶת סִפּוּקָהּ (גַּם אִם הָאִשָּׁה יוֹצֵאת מֵהַבַּיִת לָעֲבוֹדָה - הִיא
רוֹצָה שֶׁעִקַּר סִפּוּקָהּ יִהְיֶה בַּבַּיִת). סִפּוּקָה בַּבַּיִת תָּלוּי כֻּלּוֹ
בְּבַעַל הַבַּיִת - עַד כַּמָּה הוּא מַקְדִּישׁ לָהּ אֶת תְּשׂוּמַת לִבּוֹ
וּמַבִּיעַ לָהּ אֶת חִבָּתוֹ, וּמְבַטֵּא בָּזֶה שֶׁאָכֵן הִיא הָעֵזֶר כְּנֶגְדּוֹ
כִּרְצוֹנוֹ, וְחִנָּהּ וְחֵן הַבַּיִת עַל בַּעַל הַבַּיִת.

— ෨ —

מאמר ג.

קֵרוּב עַל יְדֵי רִבּוּי שִׂיחָה

"עֶשְׂרָה קַבִּין שִׂיחָה יָרְדוּ לָעוֹלָם מֵהֶן לָקְחוּ הַנָּשִׁים תִּשְׁעָה
קַבִּין" [קדושין מ״ט ע״ב], מָה חַז״ל מְלַמְּדִים אוֹתָנוּ בָּזֶה? אֵיךְ
"הִצְלִיחוּ" הַנָּשִׁים לַחֲטֹף יוֹתֵר מֵהָאֲנָשִׁים? וַדַּאי יֵשׁ כָּאן
לִמּוּד עֹמֶק עַל בְּרִיאַת אָפְיָהּ שֶׁל הָאִשָּׁה.

חַז״ל מְגַלִּים לָנוּ יוֹתֵר בְּעִנְיָן זֶה בַּמִּדְרָשׁ רַבָּה [בְּרֵאשִׁית
י״ח, ג׳]: 'ר' יְהוֹשֻׁעַ דְּסִכְנִין בְּשֵׁם ר' לֵוִי אָמַר: וַיִּבֶן כְּתִיב -
הִתְבּוֹנֵן מֵאַיִן לִבְרֹאתָהּ. אָמַר, לֹא אֶבְרָא אוֹתָהּ מִן הָרֹאשׁ,

house. Therefore "her eyes look up to him" to love her from the moment he walks into the house. She yearns to know and see on his face and in all of his actions that his "house" – his wife - gives him pleasure. At times the husband returns home absorbed in some matter and so he pays no attention to his wife. His wife becomes disappointed and gets insulted "Why isn't he happy to come home?" She worked hard all day for him to make the household pleasant for him and she takes his inattention as a personal insult. The home is the world of the woman, and within her home she wants to find her satisfaction. (Even if the wife leaves the house and goes out to work – she wants her main satisfaction to come from her house). Her sense of satisfaction from her home is entirely dependent on her husband – how much he devotes his heart to paying attention to her and demonstrates to her his affection, and in so doing he expresses to her that she is his true life's partner standing beside him doing his will. Thus, the pleasantness and tranquility of the family rests on the husband.

——— ↱ ———

Chapter 2 - Lesson 3

Closeness \ Bonding to her by engaging her in conversation.

(Gemara Kedushin 49b) "Ten measures of talking descended into the world at Creation and from them women took nine measures." What is this lesson being taught to us by Chazal? Is it that women were "successful" in snatching more than the men? With absolute certainty in this teaching of the Gemara there lies a deep, profound lesson in the created nature of women.

Chazal disclosed to us even more on this topic in Midrash Rabbah (Beresheet 18:2). "Rebbe Yehudah from Saknin said in the name of

שֶׁלֹּא תְּהֵא מְיַקֶּרֶת רֹאשָׁהּ (מִתְבַּלֶּטֶת בְּגַאֲוָתָהּ). לֹא מִן הָעַיִן, שֶׁלֹּא תְּהֵא סַקְרָנִית. וְלֹא מִן הָאֹזֶן שֶׁלֹּא תְּהֵא צַיְּתָנִית (מת"כ: מְבַקֶּשֶׁת לִשְׁמֹעַ כָּל דָּבָר). וְלֹא מִן הַפֶּה, שֶׁלֹּא תְּהֵא דַּבְּרָנִית. וְלֹא מִן הַלֵּב, שֶׁלֹּא תְּהֵא קַנְתָּנִית (מת"כ: לְשׁוֹן קִנְאָה). וְלֹא מִן הַיָּד, שֶׁלֹּא תְּהֵא מַשְׁמְשָׁנִית. וְלֹא מִן הָרֶגֶל, שֶׁלֹּא תְּהֵא פַּרְסָנִית (מת"כ: יַצְאָנִית). אֶלָּא מִמָּקוֹם שֶׁהוּא צָנוּעַ בָּאָדָם... וְעַל כָּל אֵיבָר וְאֵיבָר שֶׁהָיָה בּוֹרֵא בָּהּ הָיָה אוֹמֵר לָהּ: תְּהֵא אִשָּׁה צְנוּעָה, תְּהֵא אִשָּׁה צְנוּעָה. אַף עַל פִּי כֵן [מִשְׁלֵי א׳, כ"ה]: "וַתִּפְרְעוּ כָל עֲצָתִי". לֹא בָּרָאתִי אוֹתָהּ מִן הָרֹאשׁ, וַהֲרֵי הִיא מְיַקֶּרֶת רֹאשָׁהּ, שֶׁנֶּאֱמַר [יְשַׁעְיָהוּ ג׳, ט"ז]: "וַתֵּלַכְנָה נְטוּיוֹת גָּרוֹן". וְלֹא מִן הָעַיִן, וַהֲרֵי הִיא סַקְרָנִית [שָׁם] "וּמְסַקְּרוֹת עֵינַיִם". וְלֹא מִן הָאֹזֶן, וַהֲרֵי הִיא צַיְּתָנִית, שֶׁנֶּאֱמַר [בְּרֵאשִׁית י"ח, י׳] "וְשָׂרָה שֹׁמַעַת פֶּתַח הָאֹהֶל"[8]. וְלֹא מִן הַלֵּב, וַהֲרֵי הִיא קַנְתָּנִית, שֶׁנֶּאֱמַר [שָׁם ל׳, א׳] "וַתְּקַנֵּא רָחֵל בַּאֲחוֹתָהּ". וְלֹא מִן הַיָּד, וַהֲרֵי הִיא מְמַשְׁמְשָׁנִית, שֶׁנֶּאֱמַר [שָׁם ל"א, י"ט] "וַתִּגְנֹב רָחֵל אֶת הַתְּרָפִים". וְלֹא מִן הָרֶגֶל, וַהֲרֵי הִיא פַּרְסָנִית, שֶׁנֶּאֱמַר [שָׁם ל"ד, א׳] "וַתֵּצֵא דִינָה".

---

8. הַמַּלְאָכִים שָׁאֲלוּ: "אַיֵּה שָׂרָה אִשְׁתֶּךָ" - ... "לְהוֹדִיעַ שֶׁצְּנוּעָה הָיְתָה כְּדֵי לְחַבְּבָהּ עַל בַּעְלָהּ" [רַשִׁ"י בְּרֵאשִׁית י"ח ט׳ בְּשֵׁם בָּבָא מְצִיעָא פ"ז ע"ב] מִצַּד אֶחָד אָנוּ לוֹמְדִים עַל צְנִיעוּתָהּ, מִצַּד שֵׁנִי רַזַ"ל מְגַלִּים כָּאן מִדָּה שֶׁל צַיְּתָנוּת, וִיבֹאַר לְקַמָּן.

Rebbe Levi – The pasuk states "He built her," meaning, He created her. Hashem gave careful thought to the place from which she would be created. Hashem said I will not create her from the head of the man so that she will not think of herself as being the head (meaning she will become haughty and arrogant). I will not create her from his eye so that she will not be too curious to see what is going on all around her, and not from his ear so that she will not be inquisitive (from the Torat Kohanim – to hear everything going on around her), and not from his mouth so that she will not talk endlessly. And not from his heart so that she will not be envious (from the Torat Kohanim – an expression of being jealous). And not from his hand so that she will not be one who touches everything. And not from his foot so that she will not have wanderlust (from Torat Kohanim – so she will not be a walkabout). Rather she will be created from a place on the man's body that is modestly hidden…and in each and every one of the limbs that Hashem created within her He said to her – "Be a modest woman, be a modest woman." Nevertheless (Mishle 1:25) "and you rejected My counsel." I did not create her from the man's head, and yet she takes pride in her head, as it says (Yeshaya 3:16) "Haughty, walking with an outstretched neck," and not from his eye, yet she is called curious, as it says (Yeshaya 3:16) "Winking eyes," and not from his ear, and yet she is inquisitive to listen to everything, as it says (Beresheet 18:10) "Sarah was listening from the doorway of the tent,"[8] and not from his heart, and yet she is envious, as it says (Beresheet 30:1) "Rachel was envious of her sister." And not from his hand, and yet her hand is in everything, as it says (Beresheet 31:19) "Rachel stole her father's idols - Terafim." And not from his foot, and yet she is a walkabout, as it says (Beresheet 34:1) "Dinah went out…to Shechem."

---

8. (Beresheet 18:9) "The angels asked – Where is your wife Sarah" …"to teach us that she was modest, in order to endear her to her husband." (Rashi, Beresheet 18:9, citing Gemara Babba Metziah 87b). On the one hand we learn about her modesty, and on the other hand Chazal disclose to us here the character-trait of wanting to be informed, which will be explained later.

דִּבְרֵי רַזַ״ל מֻפְלָאִים אֵלֶּה צְרִיכִים בֵּאוּר, הַקָּדוֹשׁ בָּרוּךְ הוּא אָמַר עַל כָּל אֵיבָר - תְּהֵא אִשָּׁה צְנוּעָה, לוֹמַר שֶׁהִטְבִּיעַ מֵרֵאשִׁית יְצִירַת הָאִשָּׁה אֶת מִדַּת הַצְּנִיעוּת בְּכָל אֵיבָר וְאֵיבָר שֶׁלָּהּ. וּבְכָל זֹאת ״וַתִּפְרְעוּ אֶת עֲצָתִי״. הַאִם דַּרְכֵי יְצִירָה אֵלֶּה לֹא הוֹעִילוּ כְּלוּם, וּבְכָל זֹאת הָאֵיבָרִים הַמְּנוּיִים בַּמִּדְרָשׁ הָיָה בָּהֶם הֶפֶךְ מִדַּת הַצְּנִיעוּת?! (רֹב הַלִּמּוּדִים הֵם מֵאִמּוֹתֵינוּ הַקְּדוֹשׁוֹת, אִם כֵּן נָבִין שֶׁהַתְּבִיעוֹת הֵן דַּקּוֹת, בְּהֶתְאֵם לְמַדְרֵגָתָן הַגְּבוֹהָה).

אֶלָּא חֲזַ״ל מְגַלִּים לָנוּ אָפְיָהּ שֶׁל הָאִשָּׁה עַל צְדָדֶיהָ הַשּׁוֹנִים, שֶׁהַקָּדוֹשׁ בָּרוּךְ הוּא הִטְבִּיעַ בָּהּ כְּדֵי לְהַכְשִׁירָהּ לְתַפְקִידֶיהָ. מִצַּד אֶחָד מֻפְנֵית הָאִשָּׁה הַחוּצָה - אֶל הָעוֹלָם מִסְּבִיבָהּ, וְהִיא עוֹסֶקֶת בְּעִנְיְנֵי עוֹלָם הַזֶּה, עוֹלַם הַחֹמֶר וְהַחוּשִׁים כְּדֵי לְהָכִין אֶת כָּל צָרְכֵי הַבַּיִת (הָאִישׁ מֻפְנֶה בְּדֶרֶךְ כְּלָל יוֹתֵר פְּנִימָה אֶל עוֹלַם הַתּוֹרָה, שֶׁהוּא עוֹלָם רוּחָנִי פְּנִימִי). אוּלָם כְּדֵי לְאַזֵּן אֶת הַפְּנִיָּה הַחוּצָה, בָּרָא הַקָּדוֹשׁ בָּרוּךְ הוּא אֶת הָאִשָּׁה מִמָּקוֹם צָנוּעַ, וְהִטְבִּיעַ אֶת הַצְּנִיעוּת בְּכָל אֵיבָר וְאֵיבָר - ״כָּל כְּבוּדָּה בַת מֶלֶךְ פְּנִימָה״ [תְּהִלִּים מ״ה י״ד]. לָכֵן פּוֹעֲלִים יַחַד בָּאִשָּׁה שְׁנֵי הַכֹּחוֹת הַסּוֹתְרִים זֶה אֶת זֶה.

כָּאן מוֹסְרִים לָנוּ רַזַ״ל מַפְתֵּחַ חָשׁוּב לַהֲבָנַת הַצְּרָכִים הַנַּפְשִׁיִּים שֶׁל הָאִשָּׁה. הִיא דַּבְּרָנִית, כִּי הִיא צְרִיכָה לְהוֹצִיא הַחוּצָה וְלִמְסֹר לַאֲחֵרִים אֶת כָּל מַה שֶּׁבְּלִבָּהּ. אָמְרוּ רַזַ״ל עַל הַפָּסוּק [מִשְׁלֵי י״ב, כ״ה] ״דְּאָגָה בְלֶב אִישׁ יַשְׁחֶנָּה״ - ״יְשִׂיחֶנָּה לַאֲחֵרִים״ [יוֹמָא ע״ה ע״א] לֵאמֹר, כְּשֶׁהַדְּאָגָה לוֹחֶצֶת עַל הַלֵּב - יְסַפְּרֶנָּה לַאֲחֵרִים, וְיֵקַל לוֹ. אוּלָם לָאִשָּׁה יֵשׁ צֹרֶךְ נַפְשִׁי

Rabbi Chayim Friedlander
A Peaceful Home
Chapter 2 - Lesson 3

The words of Chazal are extraordinary and need explanation. HaKadosh Baruch Hu said to each limb – Be a modest woman," meaning that from the very outset of Creation He implanted within the woman the character of modesty in each of her limbs. And yet with all of that "and you rejected My counsel!" How could it be that the character invested by Hashem into creation did not help at all, and with all this the limbs identified in the Midrash had a character that was the very opposite of the attribute of modesty?! (The majority of the lessons about modesty (and immodesty) come from our holy mothers of previous generations who were on a high spiritual level, and that being so – then we have to understand that their faults were extremely subtle when measured against the high level of their holiness).

Rather, Chazal are disclosing to us the nature of a woman and the different aspects of her personality which HaKadosh Baruch Hu embedded within her in order to prepare her for her life's mission. On the one hand she is outward-looking to the environment around her and she is occupied with the needs of everyday life in this physical and instinctive world – in order for her to prepare all of the needs of her family. (Whereas a man is generally more inward-looking, to the world of Torah which is a world of inner spirituality). However, to offset and balance the woman's outward-looking nature HaKadosh Baruch Hu created her from a place on his body that is hidden, and He embedded modesty into each and every one of her limbs, as it says (Tehilim 45:14) "The entire honor of the King's daughter is her modesty." Thus, two self-contradicting forces are at work within a woman.

Here on this point Chazal are transmitting to us an important insight into understanding the fundamental emotional needs of a woman. She talks a lot because she needs to unburden her emotions and tell others what is on her heart. Chazal (in Gemara Yoma 75a) have said in commentary on the pasuk (in Mishle 12:25) "A person should speak-out the worries in his heart," meaning, "speak it to others," that when emotional pain pressures one's heart speak-out that emotion to someone else and it will ease his pain." However, a woman has

לְהוֹדִיעַ לַאֲחֵרִים, לֹא רַק אֶת דַּאֲגוֹתֶיהָ, אֶלָּא אֶת כָּל מַה שֶׁמַּעֲסִיק אוֹתָהּ, אֶת כָּל חֲוָיוֹתֶיהָ וְאֶת כָּל מַה שֶּׁאֵרַע לָהּ, כִּי מִטִּבְעָהּ הִיא מְפְנִית הַחוּצָה. הִיא מְצַפָּה שֶׁבַּעְלָהּ יָבוֹא הַבַּיְתָה כְּדֵי שֶׁתּוּכַל לִשְׁפֹּךְ לְפָנָיו אֶת כָּל אֵרוּעֵי הַיּוֹם, הַגְּדוֹלִים וְהַקְּטַנִּים. לִפְנֵי נִשּׂוּאֶיהָ הָיוּ לָהּ מִסְפַּר כְּתוֹבוֹת לִשְׁפֹּךְ אֶת לִבָּהּ - אִמָּהּ, אַחְיוֹתֶיהָ, חַבְרוֹתֶיהָ, אֲבָל מֵעֵת נִשּׂוּאֶיהָ הִיא רוֹאָה אֶת הַכְּתֹבֶת הָעִקָּרִית לְהִתְחַלֵּק בַּחֲוָיוֹתֶיהָ - בְּבַעְלָהּ. "רִבּוּי שִׂיחָה" הוּא דוּ סִטְרִי, לְהַשְׁמִיעַ וְלִשְׁמֹעַ. הַבַּעַל צָרִיךְ לִשְׁמֹעַ יוֹתֵר מִלְּהַשְׁמִיעַ. שְׁמִיעָתוֹ צְרִיכָה לִהְיוֹת בְּהִתְעַנְיְנוּת לִדְבָרֶיהָ. יִתָּכֵן שֶׁבַּעְלָהּ הוּא מַתְמִיד, וְרוֹצֶה חִישׁ מַהֵר לֶאֱכֹל אֶת הָאֲרוּחָה, וְרוֹצֶה גַּם קְצָת לָנוּחַ לִפְנֵי לֶכְתּוֹ לַלִּמּוּד שֶׁל סֵדֶר שֵׁנִי אוֹ לִפְנֵי בּוֹא הַחַבְרוּתָא בָּעֶרֶב. אִם הָאִשָּׁה רוֹאָה שֶׁדְּבָרֶיהָ הֵם לְטֹרַח בַּעֲבוּרוֹ - מִסְתַּתְּמוֹת דְּבָרֶיהָ, וְהִיא מְאֻכְזֶבֶת וּמֻשְׁפֶּלֶת עַל שֶׁאֵין בַּעְלָהּ מִתְעַנְיֵן בָּהּ. לָכֵן צָרִיךְ לְהַקְדִּישׁ לָהּ תְּשׂוּמֶת לֵב עַל יְדֵי רִבּוּי שִׂיחָה, וְלָתֵת לָהּ אֶת הָאֶפְשָׁרוּת לְהִדַּבְּרוּת בְּצוּרָה נִינוֹחָה. הַדָּבָר אֶפְשָׁרִי בְּמֶשֶׁךְ אֲרוּחָה מְשֻׁתֶּפֶת בִּזְמַן שֶׁגַּם הָאִשָּׁה אֵינָהּ בְּלַחַץ, אוֹ בְּשָׁעָה אַחֶרֶת בְּמֶשֶׁךְ הַיּוֹם הוּא הָעֶרֶב. לְהַלָּן נְדַבֵּר אי"ה עַל תְּכוּנַת הַצִּיְּתָנוּת וְהַיַּצְּאָנוּת.

a profound need to tell others not only her own concerns but rather everything that concerns her, everything in her life and everything that happened to her, because by nature she is outward-looking. She waits for her husband to return home so that she can unburden herself to him everything that happened to her today, both big and small. Before she married her husband she had many addresses where she could turn to pour out her heart – her mother, her sisters and her friends. But once married she sees her husband as the main address in her life with whom she can share her experiences. When a husband engages his wife in conversation, from his perspective that conversation has two components; to talk to her, and to listen patiently to her. The husband must listen more than be heard, and he must listen with concern and be attentive to her words. In many circumstances her husband is very diligent in his studies and wants to finish his meal quickly and rest briefly before returning to his second seder in Beit Midrash, or before his learning-partner arrives for their nighttime study-session. If the wife sees that what she is saying to him is burdening him, her conversation is silenced and she will be disappointed and cheapened because her husband is uninterested in her. Therefore, he has to devote attention to her by engaging her in conversation, and in a pleasant, enjoyable way giving her an opportunity to express herself. This can be done when they are eating a meal together, when his wife is also not under any pressure, or at some other time during the course of the day or in the evening. A little later on in this essay with Hashem's help we will speak about the nature of her wanting to be informed and her desire to go out of the house.

———— ℘ ————

מאמר ד.

שָׁנָה רִאשׁוֹנָה - הִשְׁתַּדְּלוּת לְהִתְאַחְדוּת

מָרָן הַחֲזוֹ"א זַצַ"ל קוֹבֵעַ שֶׁכָּל מַה שֶּׁצָּרִיךְ לְרִצּוּי אֵינוֹ בְּגֶדֶר "אַל תַּרְבֶּה שִׂיחָה עִם הָאִשָּׁה". בְּיִחוּד בְּשָׁנָה רִאשׁוֹנָה יֵשׁ לְהַרְבּוֹת בְּשִׂיחָה וְרִצּוּי, כִּי הֲרֵי הָעֲבוֹדָה הַמְיֻחֶדֶת שֶׁהִטִּילָה הַתּוֹרָה עָלֵינוּ בְּשָׁנָה רִאשׁוֹנָה הִיא לָבוֹא עַל יְדֵי "וְשִׂמַּח אֶת אִשְׁתּוֹ" אֶל הַהִתְאַחְדוּת בֵּין שְׁנֵי בְּנֵי הַזּוּג - "וְהָיוּ לְבָשָׂר אֶחָד". הִתְאַחְדוּת זוֹ אֵינָהּ נַעֲשֵׂית מִמֵּילָא עַל יְדֵי חֻפָּה וְקִדּוּשִׁין. הֲרֵי צָרִיךְ לִצֹּר הִתְאַחֲדוּת בֵּין שְׁנֵי בְּנֵי הַזּוּג שֶׁבָּאִים מִבָּתִּים שׁוֹנִים, יֵשׁ לָהֶם אֹפִי שׁוֹנֶה, וְקַיָּם הַשֹּׁנִי בֵּין טֶבַע הָאִישׁ לְטֶבַע הָאִשָּׁה. לָכֵן הִקְצִיבָה הַתּוֹרָה הַקְּדוֹשָׁה שָׁנָה אַחַת לָבוֹא לְ"כַוָּנַת הַיְצִירָה - וְהָיוּ לְבָשָׂר אֶחָד", וְשִׁחְרְרָה אֶת הַבַּעַל מֵעֲבוֹדָה צִבּוּרִית, מִיצִיאָה לַמִּלְחָמָה. כַּמּוּבָן, לְאַחַר הַשָּׁנָה הָרִאשׁוֹנָה צָרִיךְ לְהַמְשִׁיךְ בַּעֲבוֹדָה זוֹ, כִּי הִתְאַחְדוּת אֵינוֹ דָּבָר חַד-פַּעֲמִי שֶׁקָּבוּעַ וְעוֹמֵד, אֶלָּא מַצָּב הַנִּתָּן לְשִׁנּוּיִים וּלְתְנוּדוֹת, וְגַם אֵין גְּבוּל לִשְׁלֵמוּת שֶׁל הַהִתְאַחְדוּת,[9] אֶלָּא

---

9. הגר"ש ווֹלְבֶּה שְׁלִיטָ"א מֵבִיא בְּקוּנְטְרֵס "מַאַמְרֵי הַדְרָכָה לַחֲתָנִים" שֶׁהַמַּלְאָכִים שֶׁבָּאוּ אֶל אַבְרָהָם שָׁאֲלוּ עַל שָׂרָה כְּדֵי לְהַדְגִּישׁ אֶת צְנִיעוּתָהּ - הִנֵּה הִיא בָאֹהֶל, "כְּדֵי לְחַבְּבָהּ עַל בַּעְלָהּ" [ב"מ פ"ז וְרַשִׁ"י בַּחֻמָּשׁ] לֵאמֹר שֶׁגַּם אֵצֶל זוּג זְקֵנִים וְאֵצֶל הָאָבוֹת הַקְּדוֹשִׁים יֵשׁ עוֹד עִנְיָן לְהוֹסִיף בְּ"הִתְאַחֲדוּת". כְּדֶרֶךְ זֶה מָצִינוּ [נִדָּה ל"א ע"ב] "מִפְּנֵי מָה אָמְרָה הַתּוֹרָה נִדָּה לְשִׁבְעָה, מִפְּנֵי שֶׁרָגִיל בָּהּ וְקָץ בָּהּ, אָמְרָה תּוֹרָה תְּהֵא טְמֵאָה שִׁבְעַת יָמִים כְּדֵי שֶׁתְּהֵא חֲבִיבָה עַל בַּעְלָהּ כִּשְׁעַת כְּנִיסָתָהּ לַחֻפָּה".

Chapter 2 - Lesson 4

The first year – working to bond.

The Gaon Chazon Ish *ZT"L* established that anything that is necessary in order to become favorable to one's wife is not included in the statement of Chazal (Avot 1:5) "Do not speak excessively with a woman." Particularly in the first year of marriage a Chatan should engage in much conversation and words of endearment with his wife, as the specific job imposed by the Torah on a new husband is to make his wife happy in order to reach a point where the young couple bonds as one entity "They should be as one flesh." This "bonding" is not something that comes automatically simply because they had a wedding ceremony – Chupah and Kedushin. This couple must work to create a mutual bonding as each one comes from a different background, and each one has a different personality in addition to the innate differences between a man and a woman. Therefore the holy Torah set aside the first year of marriage for them to arrive at the intent of Creation – "They will be one entity," and towards that goal the Torah freed the husband from public service and from military service. Obviously it is to be understood that after the first year he must continue in this effort because this bonding is not a one-time thing that subsequently automatically lasts, rather it is a situation subject to changes and fluctuations, and moreover there is no limit to the perfection of their bonding and the sensitivity each one feels towards the other,[9] except

---

9. The Gaon Rabbi Shlomo Wolbe Shli"tah writes in his essay entitled "Lessons Guiding the Chatanim," that the angels who came to visit Abraham (during his recovery following his circumcision at age ninety nine) inquired about the whereabouts of his wife in order to emphasize her modesty – she was "In the tent" – in order to endear her to her husband (Gemara Babba Metziah 77, and also Rashi in commentary on that pasuk) to instruct us that even an elderly couple, and even among our holy Avot there is this concept of "increasing bonding."

שֶׁבַּשָּׁנָה הָרִאשׁוֹנָה מַנִּיחִים וּמְחַזְּקִים אֶת הַיְסוֹדוֹת שֶׁל בִּנְיַן הַבַּיִת, שֶׁיַּמְשִׁיךְ לְהִבָּנוֹת אַחַר כָּךְ עַל יְסוֹדוֹת אֵלֶּה.

"שֶׁזֶּה כַּוָּנַת הַיְצִירָה - וְהָיוּ לְבָשָׂר אֶחָד". אֶת הַהוֹצָאָה לַפֹּעַל שֶׁל כַּוָּנַת הַיְצִירָה הִשְׁאִיר הַיּוֹצֵר לָנוּ. "דְּרַב יְהוּדָה רָמֵי: כְּתִיב 'וַיִּבְרָא אֱלֹקִים אֶת הָאָדָם בְּצַלְמוֹ', וּכְתִיב 'זָכָר וּנְקֵבָה בְּרָאָם'. הָא כֵּיצַד? מִתְּחִלָּה עָלָה בְּמַחֲשָׁבָה לִבְרֹאות שְׁנַיִם, וּלְבַסּוֹף נִבְרָא אֶחָד" [כְּתֻבּוֹת ח' ע"א] (וְעַיֵּן שָׁם רַשִׁ"י: שֶׁלְּבַסּוֹף נִבְרָא חֲדָא יְצִירָה - שְׁנֵי פַּרְצוּפִין, זָכָר מִלְּפָנָיו וּנְקֵבָה מֵאָחוֹר, וְעַיֵּן שָׁם תּוֹסָפוֹת שֶׁפֵּרֵשׁ בְּדֶרֶךְ אַחֵר). אֵיךְ אֶפְשָׁר לְהָבִין "עָלָה בְּמַחֲשָׁבָה... וּלְבַסּוֹף נִבְרָא אֶחָד". וְגַם צָרִיךְ לְהָבִין - הֲרֵי לְבַסּוֹף נֶחֱלַק הָאֶחָד לִשְׁנַיִם, לְזָכָר וְלִנְקֵבָה, אִם כֵּן לְבַסּוֹף נִבְרְאוּ שְׁנַיִם. הַגְּרָ"א זַצַ"ל מֵאִיר אֶת עֵינֵינוּ בָּזֶה בְּפֵרוּשׁוֹ לְמִשְׁלֵי [פֶּרֶק ט', י'] וְזֶה לְשׁוֹנוֹ: "וְזֶהוּ שֶׁאָמְרוּ - בַּתְּחִלָּה עָלָה בְּמַחֲשָׁבָה לִבְרֹא שְׁנַיִם, וּלְבַסּוֹף לֹא בָּרָא אֶלָּא אֶחָד, וְכִי חַס וְשָׁלוֹם יֵשׁ שִׁנּוּי. אֶלָּא שֶׁמָּה שֶׁבָּרָא הַקָּדוֹשׁ בָּרוּךְ הוּא אֶת הָאִשָּׁה הוּא כְּדֵי לִהְיוֹת לוֹ לְעֵזֶר. וְכִי מָה תּוֹעֶלֶת בָּהּ כְּשֶׁהֵם גּוּף אֶחָד, וְעִקַּר הַתַּכְלִית שֶׁיִּהְיוּ שְׁנַיִם. אַךְ מַה שֶּׁבָּרָא הַקָּדוֹשׁ בָּרוּךְ הוּא תְּחִלָּה אֶחָד, כְּדֵי שֶׁתְּהֵא אַהֲבָה וְאַחֲוָה בֵּינֵיהֶם יוֹתֵר מֵאֶחָיו וּשְׁאָר קְרוֹבָיו, שֶׁיִּהְיוּ גּוּף אֶחָד מַמָּשׁ. וְזֶהוּ "בַּתְּחִלָּה", דְּהַיְנוּ בַּמַּחֲשָׁבָה עָלָה תְּחִלָּה לִבְרָאָם שְׁנַיִם, שֶׁכֵּן הוּא הַתַּכְלִית, וְאַחַר כָּךְ בְּמַעֲשֶׂה בָּרָא תְּחִלָּה אֶחָד. וְכֵן הוּא בְּכָל מָקוֹם שֶׁאָמַר - בַּתְּחִלָּה עָלָה בְּמַחֲשָׁבָה".

that in the first year they build and strengthen the foundation of their relationship which will continue to be built on this foundation throughout all of the years of their lives.

"This is the intent of Creation – that they will be one being." The ability to bring into reality the intent of Creation was left to us by the Creator. (Gemara Ketubot 8a) "Rav Yehudah noted a contradiction - It is written in one place "Elokim created man (singular) in His image," and it is written in another place "He created them (plural) male and female." How was that done? In the beginning He thought to create them as two, and in the end He created them as one." (Please study carefully the Rashi in his commentary on the Gemara "In the end He created one being with two façades, male in the front and female in the back." See also the Tosafot there who explained it differently). "How is it possible to even think that "In the beginning He thought...and in the end He created them as one?" One also must understand that ultimately in the end He divided the one being into two individuals, male and female, and that being so, in the end He did create them as two." The Gra *ZT"L* opens our eyes on this topic in his commentary on Mishle (9:10) quoted as follows: "That which was said – In the beginning He thought to create them as two yet in the end He created only one – Is there, G-d forbid, change in His "mind"?! Rather, HaKadosh Bruch Hu created the woman in order for her to be a helpmate to the man, and what use is there for her when they are one body, the main goal of Creation was for them to be two independent beings. And so the reason HaKadosh Bruch Hu first created them as one was in order that they would bond together with love and a sense of one-ness more than their feeling of closeness to their brothers or other relatives, that this couple would

---

In this regard we find (in Gemara Niddah 31b) "Why does the Torah impose a seven-day waiting period on a Niddah after she stops seeing a discharge? Because he is familiar with her and may have tired of her, and so the Torah says – Let her be Tameh for seven days in order that she will be beloved to her husband just as she was at the time of their wedding when he took her under his Chupah."

הַגְּרָ"א מְבָאֵר שֶׁבְּרִיאַת אִישׁ וְאִשָּׁה בַּתְּחִלָּה כְּאֶחָד הָיְתָה
אֶמְצָעִי וַהֲכָנָה לִבְרֹא אוֹתָם שְׁנַיִם, כְּדֵי שֶׁיִּשְׁרֶה הָאַחוּד
בֵּינֵיהֶם - "כְּדֵי שֶׁתְּהֵא אַהֲבָה וְאַחֲוָה בֵּינֵיהֶם... שֶׁיִּהְיוּ גוּף
אֶחָד מַמָּשׁ". אֵין זֶה אָמוּר רַק עַל יְצִירַת אָדָם וְחַוָּה, אֶלָּא
בְּכָל יְצִירָה הֲרֵי מַכְרִיזִים אַרְבָּעִים יוֹם לִפְנֵי יְצִירַת הַוָּלָד בַּת
פְּלוֹנִית לִפְלוֹנִי, לֵאמֹר, שֶׁבִּתְחִלַּת יְצִירַת הָאִישׁ יוֹצְרִים אִתּוֹ
יַחַד וּמַתְאִימִים אֵלָיו אֶת נִשְׁמַת בַּת זוּגוֹ (כָּךְ מוּבָא בְּשֵׁם
הַזֹּהַר הַקָּדוֹשׁ בְּסֵפֶר רֵאשִׁית חָכְמָה שַׁעֲרֵי הַקְּדֻשָּׁה פֶּרֶק ט"ז).

אוּלָם אֶת הַהַתְאָמָה בְּפֹעַל בֵּין שְׁנֵי בְּנֵי הַזּוּג לְהָבִיא בְּפֹעַל
לְ"כַוָּנַת הַיְצִירָה", שֶׁמֵּהַשְּׁנַיִם שׁוּב יִהְיֶה אֶחָד, הִשְׁאִיר הַבּוֹרֵא
לָנוּ. זוֹהִי עֲבוֹדָתֵנוּ בְּשָׁנָה רִאשׁוֹנָה וְהֶמְשֵׁכָהּ הוּא בְּכָל יְמֵי
חַיֵּינוּ.

---- ৪৩ ----

מאמר ה.

רוּחַ טוֹבָה וּנְעִימָה

"לִפְעָמִים הִתְיַחֲסוּת בְּכָבוֹד וְחֶרְדַּת דֶּרֶךְ אֶרֶץ מַרְאָה חֶסְרוֹן
קָרוֹב". יִתָּכֵן שֶׁהַדְּבָרִים מְכֻוָּנִים לְבָאֵר מַאֲמַר רַזַ"ל [וִיבָמוֹת
ס"ב ע"ב] "הָאוֹהֵב אֶת אִשְׁתּוֹ כְּגוּפוֹ וּמְכַבְּדָהּ יוֹתֵר מִגּוּפוֹ"
- שֶׁאֵין כַּוָּנַת חֲזַ"ל לָתֵת לָהּ כָּבוֹד בְּגִנּוּנֵי דֶּרֶךְ אֶרֶץ, אֶלָּא
כַּוָּנָתָם לְהִתְחַשְּׁבוּת בִּרְצוֹן אִשְׁתּוֹ וְטִבְעָהּ ("רְצוֹנוֹ שֶׁל אָדָם
הוּא כְּבוֹדוֹ - כְּבוֹדוֹ הוּא הִתְחַשְּׁבוּת עִם רְצוֹנוֹ). הִיא אוֹהֶבֶת

be joined literally as one entity. That is what is meant by "In the beginning," meaning, in His "mind" the final stage was to create them as two since that is the goal of Creation, and subsequently in the actual Creation He initially created them as one joined being. This is the meaning in all places where it is said "In the beginning He thought." (The Gra is quoted up until this point).

The Gra explains that the initial creation of man and woman as one being was as a means and preparatory to creating them as two independent beings, in order to implant within them a sense of one-ness, "in order that they would be bonded in affection and togetherness literally as one body." This was said not only in the context of Adam and Chava, rather this is the intent in all of the generations of Creation, as "Forty days before the conception of a child there is a Heavenly proclamation – The daughter of so-and-so is destined as the wife of so-and-so," meaning, that at the beginning of the creation of man Heaven simultaneously created the soul of the woman who will be the appropriate wife for him. (This is brought down in the name of the holy Zohar, in the sefer Resheet Chochma, the Gateway to Kedusha, in the 16th perek).

However, the practical realization of the husband and wife bonding together in this relationship – to actually reach the level of "The intent of Creation," that these two people can happily live together as one - is the job Hashem left to us to accomplish. That is our job in the first year of marriage which will continue throughout all of the days of our lives!

Chapter 2 - Lesson 5

An atmosphere of goodness and pleasantness.

"On occasion a respectful relationship with strict etiquette demonstrates a lack of bonding." It is possible that these words

הִתְיַחֲסוּת שֶׁל קֵרוּב, לָכֵן "צָרִיךְ לְהִתְיַחֵס בְּיִחוּד יוֹתֵר קָרוֹב, אֲשֶׁר יָחוּס מִכְּבָד לֹא יִמְצָא לוֹ מָקוֹם. וּבְדִיחוּת וְקַלּוּת יוֹתֵר אָהוּב מִכֹּבֶד רֹאשׁ וְחֶרְדַּת הַכָּבוֹד".

כַּמּוּבָן, אֵין כַּוָּנַת מָרָן הִיא לְקַלּוּת הַדַּעַת, אֶלָּא לַאֲוִירָה קַלָּה וּנְעִימָה, בְּנִגּוּד לַאֲוִירָה כְּבֵדָה וּמְתוּחָה וְכֹבֶד רֹאשׁ. צָרִיךְ לְהַשְׁרוֹת בַּבַּיִת אֲוִירָה שֶׁל שִׂמְחָה. אָנוּ מְבָרְכִים בְּבִרְכַּת חֲתָנִים "אֲשֶׁר בָּרָא שָׂשׂוֹן וְשִׂמְחָה חָתָן וְכַלָּה גִּילָה רִנָּה דִּיצָה וְחֶדְוָה אַהֲבָה וְאַחֲוָה וְשָׁלוֹם וְרֵעוּת". לֵאמֹר, כְּדֵי לִצֹּר אַהֲבָה וְאַחֲוָה וְשָׁלוֹם וְרֵעוּת בֵּין בְּנֵי הַזּוּג בָּרָא הַקָּדוֹשׁ בָּרוּךְ הוּא רוּחַ שֶׁל שָׂשׂוֹן וְשִׂמְחָה וְכוּ' שֶׁתִּשְׁרֶה בֵּינֵיהֶם. צָרִיךְ לְהִשְׁתַּדֵּל שֶׁרוּחַ זוֹ תִּשְׁרֶה תָּמִיד בֵּין בְּנֵי הַזּוּג, וּבְיִחוּד בְּשָׁנָה רִאשׁוֹנָה, כִּי הִיא יוֹצֶרֶת אֶת הָרֵעוּת וְהַהִתְאַחְדוּת. לֹא תָּמִיד זֶה קַל, כִּי יֵשׁ אֵרוּעִים וּמַצְבֵי רוּחַ שֶׁנּוֹגְדִים אֶת רוּחַ הַשִּׂמְחָה וְהַקַּלּוּת. אָכֵן, זוֹהִי הָעֲבוֹדָה הַמֻּטֶּלֶת עַל הַבַּעַל לִדְאֹג תָּמִיד לְרוּחַ טוֹבָה וּלְסֵבֶר פָּנִים יָפוֹת. לְהַלָּן בְּפֶרֶק ד' סִימָן ד' "סֵבֶר פָּנִים יָפוֹת" נַרְחִיב אֶת הַדִּבּוּר בְּעִנְיָן זֶה בְּעֶזְרַת ה'.

refer to an explanation of a teaching of Chazal (in Gemara Yevamot 62b) "One who loves his wife as he loves himself, and respects his wife more than himself" – that the intent of Chazal is not to give her respect as one would in social conduct, rather the intent is to take into account the desire of his wife and her personality. ("A person's desire is his honor, meaning, to be honored and respected) – In order to honor someone you have to be considerate of their likes. She loves an atmosphere of closeness **"Therefore he must relate to her in closer bonding, because an attitude of strained respect and superficial honor has no place in a close relationship. A little laughter and relaxed conversation is more desirable and will do more to establish bonding than a relationship that is based on seriousness and anxious respect.**

Obviously our master the Gaon Chazon Ish *ZT"L* does not mean a relationship that is frivolous, rather a relationship in an atmosphere that is light and pleasant – as opposed to one that is "heavy," tense and serious. One must root within his home an atmosphere of happiness. At the wedding of every couple we bless them with the blessing "The One who has created the joy and happiness of a groom and his bride, rejoicing, song, delight and gladness, love and brotherliness, peace and friendship," meaning, in order to create love and a bonded relationship of peace and friendship within this couple, HaKadosh Baruch Hu created a spirit of joy and happiness…to dwell within them. One must work and exert real effort that this pleasant, supportive atmosphere should constantly dwell in this couple's relationship, particularly in their first year of marriage since that year sets the pattern of their relationship of affection and bonding for the rest of their lives. It is an achievement that is not easy to constantly maintain since in life there will occur circumstances that are contrary to a happy and relaxed atmosphere. However, this is the job that the husband is charged with – to continually be concerned with maintaining and nurturing a good and pleasant happy atmosphere. With the help of Hashem we will elaborate on this topic further on in the fourth chapter, in the fourth lesson entitled **"A pleasant attitude."**

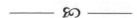

מאמר ו.

יַחַס אֶל אִשְׁתּוֹ - כְּיַד יָמִין אֶל יַד שְׂמֹאל

"וְצָרִיךְ לְהִתְאַמֵּץ לְהִתְנַהֵג בְּאֹפֶן יוֹתֵר מְקֹרָב וּבְיִחוּס יַד יָמִין לִשְׂמֹאל, שֶׁאֵינוֹ דָּבָר חוּצִיִּי אֶלָּא עַצְמִיִּי". יֵשׁ יַחַס שֶׁל דְּבֵקוּת וְהִתְאַחְדוּת חוּצִיִּי בֵּין שְׁנֵי עֲצָמִים. אֶפְשָׁר לְהַדְבִּיק יַחַד חֲתִיכַת עֵץ עִם חֲתִיכַת בַּרְזֶל עַל יְדֵי דֶּבֶק חָזָק מְאֹד, עַד שֶׁיִּהְיוּ חֵפֶץ אֶחָד בַּל יִפָּרֵד לַחֲלָקָיו, אוּלָם זֶה "דָּבָר חוּצִיִּי" - בְּאֹפֶן חִיצוֹנִי נִדְבְּקוּ יַחַד. אוּלָם יַד יָמִים וְיַד שְׂמֹאל, וּבִכְלָל הַחֵלֶק הַיְמָנִי וְהַחֵלֶק הַשְּׂמָאלִי שֶׁל הַגּוּף - יֵשׁ בֵּינֵיהֶם יַחַס עַצְמִיִּי. הֵם שְׁנֵי חֲלָקִים שֶׁל עֶצֶם וְגוּף אֶחָד הַקְּשׁוּרִים יַחַד בְּאַלְפֵי בִּימִין. יֵשׁ לָהֶם מַעֲרֶכֶת כְּלֵי דָּם וַעֲצַבִּים וְכוּ' מְשֻׁתֶּפֶת. כְּאֵב שֶׁבְּיַד יָמִין מַגִּיעַ אֶל כָּל הַגּוּף. מָרָן הַחֲזוֹ"א מְלַמְּדֵנוּ שֶׁכָּךְ צָרִיךְ לִהְיוֹת הַיַּחַס בֵּין שְׁנֵי בְּנֵי הַזּוּג, הֵם חֲטִיבָה אַחַת - "וְהָיוּ לְבָשָׂר אֶחָד". הָרַמְבַּ"ן וְכֵן הָאִבְּן עֶזְרָא פֵּרְשׁוּ אֶת הַפָּסוּק "וְאָהַבְתָּ לְרֵעֲךָ כָּמוֹךָ", שֶׁאֵין כַּוָּנַת הַתּוֹרָה שֶׁיֹּאהַב אוֹתוֹ מַמָּשׁ כְּאֶת עַצְמוֹ, אֶלָּא שֶׁיִּרְצֶה שֶׁכָּל הַטּוֹב שֶׁהוּא רוֹצֶה לְעַצְמוֹ יִהְיֶה גַּם לְרֵעוֹ. לָכֵן כָּתוּב "לְרֵעֲךָ", וְלֹא "אֶת רֵעֲךָ" (עַיֵּן שָׁם בַּאֲרִיכוּת). אוּלָם אֶת אִשְׁתּוֹ צָרִיךְ לֶאֱהֹב כְּגוּפוֹ מַמָּשׁ, כֵּיוָן שֶׁהֵם חֲטִיבָה אַחַת - יַד יָמִין וְיַד שְׂמֹאל מִגּוּף אֶחָד.

הִתְאַחְדוּת זוֹ אֵינָהּ נַעֲשֵׂית מִמֵּילָא בְּעֶצֶם הָעֻבְדָּה שֶׁהִיא אִשְׁתּוֹ, אֶלָּא, זוֹהִי מְשִׂימָה שֶׁדּוֹרֶשֶׁת עֲבוֹדָה וּמַאֲמָץ. כְּפִי שֶׁכְּבָר דֻּבַּר לְעֵיל. הַמַּפְתֵּחַ הוּא "וְשִׂמַּח אֶת אִשְׁתּוֹ" - לִדְאֹג

Chapter 2 - Lesson 6

His relationship to his wife – like his right hand is to his left hand.

"He must work and exert effort to behave in a way that promotes a closer bonding to his wife like the relationship between a person's right hand and his left hand which are not two unrelated halves but rather are one and the same entity." There is a type of joined connected relationship between two unrelated objects. It is possible to bond together with a strong glue a piece of wood and a piece of metal to the point where they are solidly attached as one unit and cannot be separated. However that kind of bonding is artificial as they are only externally connected. However the right hand and the left hand and in general the right side and the left side of the body have a connection between them that is integral to one entity; they are two parts of one body that are anatomically joined together by thousands of strands. They have systems of blood vessels and nerves working together in partnership. A right hand that is in pain is felt throughout the entire body. The Gaon Chazon Ish is teaching us that this must be the relationship between the two partners in marriage, that they are one joined being – "They will be as one body." The RambaN and the Ibn Ezra explain the pasuk "and you shall love your fellow Jew as you love yourself" that the Torah's meaning is not that you should love that person literally as you love yourself, rather, all of the good things that you want for yourself you should want for that person; therefore it is written "for his friend" and not "to his friend." (Please study carefully that reference where this is explained at length). However all of this is in relation to his friend, but when it comes to his wife he must love her literally as he loves himself since they are one being – the right hand and the left hand of one body.

This bonding does not come automatically by itself simply because she is his wife, rather, this is an effort that demands work and

לָהּ וּלְהַשְׁפִּיעַ עָלֶיהָ מִטּוּב לִבּוֹ. מְסֻבָּר בְּסֵפֶר מִכְתָּב מֵאֵלִיָּהוּ [חֵלֶק א׳ עַמּוּד 37 וּלְהַלָּן] בְּקוּנְטְרֵס הַחֶסֶד, שֶׁהָאַהֲבָה הִיא תּוֹצָאַת הַנְּתִינָה. עַל יְדֵי שֶׁנּוֹתְנִים וּמַשְׁפִּיעִים חֶסֶד, מִתְקַשְּׁרִים אֶל הַמְקַבֵּל בְּקִשְׁרֵי אַהֲבָה. וּכְכָל שֶׁנּוֹתְנִים יוֹתֵר נוֹצְרָה אַהֲבָה גְּדוֹלָה יוֹתֵר (יְסוֹד זֶה הַמְּסֻבָּר שָׁם בְּהַרְחָבָה צָרִיךְ לִהְיוֹת נֵר לְרַגְלֵי בְּנֵי הַזּוּג).

מַה שֶּׁמַּעֲסִיק אֶת הָאִשָּׁה צָרִיךְ לִהְיוֹת נוֹגֵעַ גַּם לְבַעְלָהּ, וּלְהֶפֶךְ כְּפִי שֶׁמַּסְבִּיר מָרָן לְהַלָּן. כְּשֶׁהָאִשָּׁה מְשׂוֹחַחַת עִם בַּעְלָהּ עַל הָאֵרוּעִים הַגְּדוֹלִים וְהַקְּטַנִּים שֶׁקָּרוּ לָהּ בְּמֶשֶׁךְ הַיּוֹם שֶׁמַּעֲסִיקִים אוֹתָהּ, הוּא צָרִיךְ לְהַאֲזִין לָהּ בְּאֹזֶן קַשֶּׁבֶת, כְּפִי שֶׁכְּבָר הִזְכַּרְנוּ לְעֵיל, וּמַה שֶּׁלּוֹחֵץ עָלֶיהָ צָרִיךְ לְהַעֲסִיק גַּם אוֹתוֹ. יִתָּכֵן שֶׁהוּא מִסְתַּכֵּל עַל הָעִנְיָן בְּאֹפֶן אַחֵר, וְאֵינוֹ רוֹאֶה אֶת הַדְּבָרִים בְּמַשְׁמָעוּת חֲמוּרָה כְּפִי שֶׁהִיא רוֹאָה אוֹתָם, אוּלַי מִפְּנֵי שֶׁאֶצְלָהּ שׁוֹלֵט הָרֶגֶשׁ, לָכֵן הַדְּבָרִים עוֹשִׂים רֹשֶׁם גָּדוֹל יוֹתֵר מִמַּה שֶּׁהַמַּבָּט הַשִּׂכְלִי דָּן וְשׁוֹקֵל אוֹתָם. אֲבָל עֶצֶם הָעֻבְדָּה שֶׁדְּבָרִים אֵלֶּה לוֹחֲצִים עָלֶיהָ צְרִיכָה לְהַכְבִּיד גַּם עָלָיו, כְּפִי שֶׁיַּד יָמִין מַרְגִּישָׁה מְמֵילָא אֶת הַצַּעַר שֶׁל יַד שְׂמֹאל, לָכֵן עָלָיו לְהִשְׁתַּדֵּל לְעוֹדֵד אוֹתָהּ וּלְחַזְּקָהּ מִתּוֹךְ הִשְׁתַּתְּפוּת כֵּנָה בְּצַעֲרָהּ.

מֵחֲמַת רְגִישׁוּתָהּ שֶׁל הָאִשָּׁה הִיא נְתוּנָה לִתְנוּדוֹת בְּמַצְּבֵי רוּחַ. עַל הַבַּעַל לָשֵׂאת זֹאת בְּאֹרֶךְ רוּחַ וּבְסַבְלָנוּת וּלְעוֹדֵד אוֹתָהּ בְּכָל הַמַּצָּבִים, כְּפִי שֶׁמָּרָן אוֹמֵר לְהַלָּן: ״וּבְדִבְרֵי חִזּוּק לְשַׂמֵּחַ לֵב״.

הָאִשָּׁה נִפְקֶדֶת בִּרְגִישׁוּת מְיֻחֶדֶת בִּימֵי וְסְתָּהּ. רֹאשָׁהּ

determination as we've already said above. The key is "he will make his wife happy" - to worry over her and shower her with attention from the goodness of his heart. Rabbi Eliyahu Dessler *ZT"L* writes in his book Michtav M'Eliyahu (volume one, beginning on page 37) in the section on Chessed, that love is an outcome of giving. By "giving" and in acts of Chessed the "giver" becomes joined to the recipient with bonds of love. The more a person "gives" the greater is the love that is created between this couple. (This very fundamental truism which is explained at length in that citation must be the guiding light in the couple's relationship).

The things that concern the wife must be relevant to her husband, meaning, he must show interest in them as though they pertain to him, and visa-versa, as our master explains further on. When a wife converses with her husband about the big and small things that happened to her during her day which concern her he has to give her his attention as we already explained this above, and when she tells him what is bothering her he should relate to what she is saying. It could be that he will see those same things from a different perspective and he does not view them as being as serious as she does perhaps because her emotions control her and so those things create a much greater impression on her than logical judgment would dictate. Nevertheless, the mere fact that those things bother her must also weigh on her husband just as the right hand feels the pain of the left hand (meaning, he cannot simply dismiss the things that bother her as being trivial). Therefore he must try to cheer her up and support her out of a true sense that they are partners in life and he shares her sorrows.

Because a woman's emotions incline her to mood changes her husband must support her with patience and tolerance, and hearten her in all possible ways, as the master said "with words of support and encouragement that gladden her."

Particularly during the days of her period a woman is more emotionally fragile and her limbs weigh heavy on her and understandably all of this will affect her mood, and at this time she

וְאֵיבָרֶיהָ כְּבֵדִים עָלֶיהָ, וְכַמּוּבָן זֶה מַשְׁפִּיעַ עַל מַצַּב רוּחָהּ, וְהִיא זְקוּקָה לְעִדּוּד וְחִזּוּק. חֲכָמֵינוּ גָּזְרוּ בִּימֵי וִסְתָּהּ גְּדָרִים וּסְיָגִים עַל אִסּוּרִים דְּאוֹרַיְתָא. אַךְ עַל הַבַּעַל לָדַעַת שֶׁדַּוְקָא בְּיָמִים אֵלּוּ חוֹבָתוֹ לְהִשְׁתַּדֵּל לְהַקְדִּישׁ לָהּ יֶתֶר תְּשׂוּמַת לֵב וּלְהִתְעַנְיֵן בְּמַצָּבָהּ, וְלֹא לְמַעֵט בְּדִבּוּרִים הַמֻּתָּרִים כְּדֵי לְהָקֵל מֵעָלֶיהָ אֶת סִבְלָהּ הַנַּפְשִׁי.

"אֵין לְדַבֵּר בִּלְשׁוֹן נוֹכְחוּת, אֶלָּא בִּלְשׁוֹן נוֹכְחִי". יִתָּכֵן שֶׁהַכַּוָּנָה הִיא שֶׁאֵין לְדַבֵּר בִּלְשׁוֹן רַבִּים, כְּפִי שֶׁמְּדַבְּרִים אֶל זָר.

מאמר ז.

שִׁתּוּף הָאִשָּׁה

"לְהוֹדִיעַ בִּיצִיאָה - לְאָן הוֹלֵךְ, וּבְשׁוּבוֹ - מֶה עָשָׂה, וְכַיּוֹצֵא בּוֹ בִּדְבָרִים קְטַנִּים". כָּאן נִתָּן לָנוּ יְסוֹד גָּדוֹל נוֹסָף אֵיךְ לִבְנוֹת אֶת הַ"הִתְאַחֲדוּת". צָרִיךְ לְשַׁתֵּף אֶת הָאִשָּׁה בְּכָל עִנְיָנָיו, הַגְּדוֹלִים וְגַם הַקְּטַנִּים. כְּשֶׁהַבַּעַל יוֹצֵא מֵהַבַּיִת לְעִנְיָנָיו, אַל יַחֲשֹׁב - "מָה זֶה נוֹגֵעַ לְאִשְׁתִּי?" מִכָּאן וּלְהַבָּא כָּל עִנְיְנֵיהֶם הֵם מְשֻׁתָּפִים. מְלַמְּדֵנוּ מָרָן שֶׁצָּרִיךְ לָתֵת בִּטּוּי תְּמִידִי לַשֻּׁתָּפוּת הַזֹּאת, עַל יְדֵי שֶׁמּוֹדִיעַ לְאִשְׁתּוֹ לְאָן הוּא הוֹלֵךְ, וּבְשׁוּבוֹ יְסַפֵּר לָהּ מֶה עָשָׂה.

מָרָן הַחֲזוֹ"א מוֹסִיף עוֹד יְסוֹד: "וְכַיּוֹצֵא בּוֹ בִּדְבָרִים קְטַנִּים", לֵאמֹר שֶׁיַּחַס אֱנוֹשׁ בִּכְלָל, וְהַיַּחַס בֵּין אִישׁ לְאִשְׁתּוֹ בִּפְרָט,

is more in need of encouragement and support. Our Chachamim instituted specific boundaries and limits during this time to safeguard this couple not to violate any of the Torah's prohibitions. But the husband must understand clearly that specifically at this time he must devote more attention to her needs and to empathize with her in her situation, and he should not minimize his conversation with her in those areas that are permitted in order to ease the weight of her emotional state of health.

"Do not speak to her in a tone that is general or ambiguous, rather speak to her in a tone that is direct and clear." It is possible that the intent of the Chazon Ish is that he should not speak to her in vague terms as one would speak to a stranger, rather he should speak clearly to her.

——— ဆ ———

Chapter 2 - Lesson 7

The partnership of a wife.

"Tell her when you are leaving and where you are going – and upon returning tell her what you did, and so too tell her even small things." Here we have been given an additional great fundamental rule by the Gaon on how to build a close "relationship," namely one must include his wife as a partner in all of his endeavors, big and also small. When the husband leaves the house to attend to his business he should not think "What does this have to do with my wife?!" From now on going forward everything is in partnership. The Gaon Chazon Ish is teaching us one must constantly address this partnership by telling his wife where he is going, and when he returns tell her what he did.

The Gaon Chazon Ish elaborated on this by adding a fundamental

נִבְנִים מִדְּבָרִים קְטַנִּים. לֹא רַק הַמַּתָּנוֹת שֶׁמֵּבִיא הַבַּעַל
לְאִשְׁתּוֹ מִזְּמַן לִזְּמַן לְהִזְדַּמְּנֻיּוֹת שׁוֹנוֹת מְבַטְּאוֹת אֶת שִׂימַת
לִבּוֹ וְהַעֲרָכָתוֹ לְאִשְׁתּוֹ, אֶלָּא דַּוְקָא "הַדְּבָרִים הַקְּטַנִּים" -
בְּאֵלּוּ מִלִּים וּבְאֵיזוֹ הַבָּעַת פָּנִים הוּא יוֹצֵא מֵהַבַּיִת וְנִכְנָס אֶל
הַבַּיִת, בְּאֵלּוּ מִלִּים וּבְאֵיזוֹ הַבָּעַת חִבָּה הוּא פּוֹנֶה אֵלֶיהָ פֹּה
וָשָׁם בְּמֶשֶׁךְ הַיּוֹם.

"וּבְדִבְרֵי חִזּוּק לְשַׂמֵּחַ לֵב" גַּם הֵם צְרִיכִים לִהְיוֹת תְּמִידִיִּים
וּפְזוּרִים בְּמֶשֶׁךְ הַיּוֹם - מִלָּה פֹּה וָשָׁם פּוֹעֶלֶת יוֹתֵר מֵאֲשֶׁר
אֲרִיכוּת דְּבָרִים מִזְּמַן לִזְּמַן.

"וְצָרִיךְ לְבַקֵּשׁ רַחֲמִים, כְּמוֹ שֶׁאָמְרוּ וְכוּ' בְּכָל דְּרָכֶיךָ דָעֵהוּ וְהוּא
יְיַשֵּׁר אֹרְחֹתֶיךָ". בְּכָל מַעֲשֶׂה חַיָּב הָאָדָם לְהַכִּיר שֶׁהַכֹּל הוּא
בִּידֵי ה' יִתְבָּרֵךְ, וְאֵלָיו צָרִיךְ לִפְנוֹת בִּתְפִלָּה לְעֵזֶר שָׁמַיִם.
מִכָּל שֶׁכֵּן בְּבִנְיַן יְסוֹדוֹת הַבַּיִת, כַּאֲשֶׁר הוּא תָּלוּי בְּדַעַת
אֲחֵרִים - בְּדַעַת אִשְׁתּוֹ - צָרִיךְ לִפְנוֹת אֶל ה' יִתְבָּרַךְ בְּבַקָּשַׁת
רַחֲמִים שֶׁיְּחוֹנֵן אוֹתוֹ בְּדֵעָה נְכוֹנָה בְּכָל מַצָּב שֶׁהוּא, וְיַצְלִיחוֹ
בְּהִשְׁתַּדְּלוּתוֹ.

---- ഇ ----

rule **"and so too the small things,"** things that people consider as being insignificant. The relationship between people, and especially the relationship between a husband and his wife is built on small things - not only do the gifts the husband occasionally gives his wife articulate his attention and appreciation for his wife - rather it is built specifically on the small things. With those words and with the facial expression he leaves his house and returns to his house, with those words and with that expression of love he turns to her here and there throughout the day.

"With words of support and encouragement that will comfort her and gladden her heart" - these words must also be spoken constantly and effusively throughout the day – a "good" word here and there helps even more than a long conversation from time to time.

"One must ask for Hashem's mercy, as Chazal have said (Mishle 3:6) "In all of your endeavors know Him, and He will guide you in your life." In every endeavor a person must recognize that everything, *everything*, is in the hands of Hashem, and he must turn to Him in his prayers for help from Heaven. And all the more so in building the foundation of a home when he is dependent on the understanding of others – namely on the understanding of his wife - he must turn to Hashem Yitbarach asking for His mercy, that He should grace this man with a correct understanding of each situation he encounters in life, and He should make him successful in all of his efforts.

פֶּרֶק שְׁלִישִׁי

קֶטַע מִתּוֹךְ מִכְתָּב מָרָן הגרי"י קַנְיֶבְסְקִי זַצַ"ל.

נָבִיא קֶטַע מִתּוֹךְ מִכְתָּבוֹ שֶׁל מָרָן הַגָּאוֹן רַבִּי יַעֲקֹב יִשְׂרָאֵל קַנְיֶבְסְקִי זַצַ"ל, בַּעַל מְחַבֵּר סִפְרֵי 'קְהִלּוֹת יַעֲקֹב', שֶׁאַף הוּא מְדַבֵּר עַל הַיְסוֹדוֹת שֶׁעֲלֵיהֶן נִבְנֶה הַבַּיִת. וְאֵלֶּה דְּבָרָיו:

"**אָמְרוּ** חֲזַ"ל בִּיְבָמוֹת [ס"ב ע"ב]: תָּנוּ רַבָּנָן, הָאוֹהֵב אֶת אִשְׁתּוֹ כְּגוּפוֹ, וְהַמְכַבְּדָהּ יוֹתֵר מִגּוּפוֹ וְכוּ', עָלָיו הַכָּתוּב אוֹמֵר "וְיָדַעְתָּ כִּי שָׁלוֹם אָהֳלֶךָ". וּבָרוּר שֶׁאֵין כַּוָּנַת חֲזַ"ל לֶאֱהֹב אִשְׁתּוֹ מִצַּד אַהֲבָה הַטִּבְעִית לַנָּשִׁים, אֶלָּא לְאַהֲבָה מִסּוּג אַהֲבַת חֲבֵרִים. כִּי הִיא חֲבֶרְתּוֹ וְאֵשֶׁת בְּרִיתוֹ, וְיֵשׁ לָהֶם עִנְיָנִים מְשֻׁתָּפִים, וְכָל אֶחָד מְסַיֵּעַ וְנִסְתַּיֵּעַ זֶה מִזֶּה. וְכֵן הָאַהֲבָה מִצַּד הַכָּרַת טוֹבָה, שֶׁיְּצַיֵּר בְּדַעְתּוֹ אִלּוּ לֹא הָיָה מַשִּׂיג אִשָּׁה בְּשׁוּם אֹפֶן, וְהָיָה נִשְׁאַר גַּלְמוּד, כַּמָּה צַעַר לְמַכְאוֹבָיו הָיָה לוֹ מִזֶּה, וְעַל יְדֵי אִשְׁתּוֹ הוּא מְסֻדָּר בְּהַחַיִּים שֶׁלוֹ. וְעִנְיַן הַכָּרַת הַטּוֹבָה הוּא גָּדוֹל לְאֵין שִׁעוּר. וּבַחֲזַ"ל בְּמִשְׁנַת רַבִּי אֱלִיעֶזֶר פֶּרֶק ז' אָמְרוּ: שֶׁכָּל הַכּוֹפֵר בְּטוֹבָתוֹ שֶׁל חֲבֵרוֹ לַסּוֹף כּוֹפֵר בְּטוֹבָתוֹ שֶׁל קוֹנוֹ. וְעַיֵּן שָׁם שֶׁהֶחְמִירוּ מְאֹד בָּזֶה. וְעַל אַהֲבָה כָּזוֹ חִיְּבוּ חֲזַ"ל, וְאַהֲבָה זוֹ אֵינוֹ מִמִּדַּת הַתַּאֲוָה כְּלָל, רַק מֵאַחַת הַמִּדּוֹת הַטּוֹבוֹת שֶׁמְּחֻיָּבִים בָּזֶה. וּלְכַוָּנָה זוֹ כְּשֶׁמִּשְׁתַּדְּלִים לְשַׂמְּחָהּ

Chapter 3

An excerpt from a letter written by our master the Gaon Rabbi Yaakov Yisrael Kanievsky ZT"L .

We will quote here a portion of a letter written by the Gaon Rabbi Yaakov Yisrael Kanievsky *ZT"L* (the Steipler Gaon) – who is the author of the series of sefarim entitled "Kehilot Yaakov" – as he also addresses the foundations on which a marriage is based; quoted as follows:

Chazal have said in Gemara Yevamot (62b) "Our Rabbis have taught – One who loves his wife as he loves his own body, and honors her more than his own body…regarding this man the text states (Eyyov 5:24) "and you should know that your home will be peaceful." It is absolutely clear that Chazal's intent is not for him to love his wife in the context of the normal physical attraction men have for women, rather their intent in this regard is to love her in the context of loving friends, partners - as she is his friend and the wife with whom he formed a covenant – and they have joint concerns as each one helps and is helped by the other. Moreover, this love should also be an expression of gratitude, that he should imagine in his mind that if he would not have found a woman to marry and he remained alone all of his life, how much pain and suffering and depression would he experience because he lived his life alone. Because of the woman he married as his wife his life is organized and stable, and the gratitude and obligation to his wife is tremendous to the point of being limitless. Chazal have said in the Mishnah of Rebbe Eliezer 7th chapter "Anyone who denies the good done to him by a friend will in the end deny the good done to him by his Creator." Please study that reference very carefully, as Chazal were very strict about this. This is the kind of love that is demanded by Chazal. This

בִּשְׁעַת הַחִבּוּר וּלְפָנֶיהָ וּלְאַחֲרֶיהָ, אֵין זוֹ מִגְנָה חַס וְשָׁלוֹם, רַק
מִצְוָה, וַאֲפִלּוּ אִלּוּ לֹא הָיָה מְשֻׁעְבָּד לָזֶה, וְכָל שֶׁכֵּן כְּשֶׁמְּשֻׁעְבָּד
לָזֶה עַל פִּי דִין". עַד כָּאן לְשׁוֹן הַמִּכְתָּב. נִשְׁתַּדֵּל לְבָאֵר אֶת
דְּבָרָיו בְּעֶזְרַת ה'.

— ೮೦ —

מאמר א.

יְסוֹדוֹת הָאַהֲבָה

"וּבֵרוּר שֶׁאֵין כַּוָּנַת חֲזַ"ל לֶאֱהֹב אִשְׁתּוֹ מִצַּד אַהֲבָה טִבְעִית
לַנָּשִׁים, אֶלָּא מִסּוּג אַהֲבַת חֲבֵרִים" וְכוּ'. הַקָּדוֹשׁ בָּרוּךְ הוּא
בְּרֹב רַחֲמָיו הִטְבִּיעַ בָּאָדָם דְּחָפִים וּתְשׁוּקוֹת לְכָל הַפְּעֻלּוֹת
שֶׁחַיָּיו תְּלוּיִים בָּהֶם. יֵשׁ לוֹ דַחַף לֶאֱכֹל - הוּא רָעֵב, וְיֵשׁ לוֹ
גַּם תְּשׁוּקָה לֶאֱכֹל, כִּי הָאֹכֶל הוּא טָעִים בְּכָל מִינֵי טְעָמִים. יֵשׁ
לְאָדָם דַּחַף לִישֹׁן - הוּא עָיֵף, וּשְׁנָתוֹ הִיא גַּם מְתוּקָה וַעֲרֵבָה
לוֹ. אִלּוּ הָיָה צָרִיךְ לַעֲשׂוֹת אֶת הַפְּעֻלּוֹת הָאֵלֶּה רַק מִצַּד
הֲבָנַת הַשֵּׂכֶל, שֶׁהֵן נְחוּצוֹת לְקִיּוּם הַחַיִּים, הָיוּ רֹב בְּנֵי אָדָם
מֵתִים מִתַּת תְּזוּנָה וְחֹסֶר שֵׁנָה.

עֲבוֹדַת ה' יִתְבָּרַךְ דּוֹרֶשֶׁת מִן הָאָדָם לְעַדֵּן דְּחָפִים וּתְשׁוּקוֹת
אֵלֶּה, וּלְהַכְנִיס אוֹתָם לַמַּעְגָּל שֶׁל עֲבוֹדַת ה' - לֶאֱכֹל וְלִישֹׁן
לְמַעַן הֱיוֹתוֹ בָּרִיא לַעֲבוֹדַת ה', כְּפִי שֶׁנֶּאֱמַר בְּאֹרַח חַיִּים
סִימָן רל"א, וּשְׁמוֹ: "שֶׁכָּל כַּוָּנוֹתָיו יִהְיוּ לְשֵׁם שָׁמַיִם". וְכָךְ

kind of love has nothing to do with physical passion or attraction, rather it is specifically one of the mandatory aspects of man's good personality traits which we are obligated to possess. When a person tries to make his wife happy with this intent both before and after they have marital relations it is not at all distasteful, G-d forbid, rather it is a mitzvah! This is so even if it would not be a mandatory obligation, and all the more so that it is his obligation according to Jewish law. The letter is quoted up until this point. With Hashem's help we will try to explain his words.

Chapter 3 - Lesson 1

The foundations of love.

"It is absolutely clear that Chazal's intent is not for him to love his wife in the context of the normal physical attraction men have for women, rather, to love her in the context of loving friends." HaKadosh Baruch Hu in His great mercy instilled within mankind compulsions and desires for all of the actions upon which his life depends. He has a compulsion to eat – he is hungry, and he also has a desire to eat because the food he eats is tasty with all different kinds of flavors. A person has a compulsion to sleep – he is tired, and his sleep is also sweet and pleasant to him. If he had to do these things only because of logic, since they are essential to life - and not because he had a compulsion for them - most people would die of starvation and sleep deprivation.

Service to Hashem Yitbarach demands that a person refine these compulsions and desires and bring them into the cycle of service to Hashem – to eat and to sleep for the sake of his being healthy to be able to serve Hashem, as it states in Orach Chayim, section #231 entitled "All of a person's intentions should be for the sake of

נֶאֱמַר שָׁם גַּם עַל הָאַהֲבָה הַטִּבְעִית לְנָשִׁים, שֶׁגַּם אוֹתָהּ צָרִיךְ לְהַכְנִיס לַמַּעְגָּל שֶׁל עֲבוֹדַת ה׳.

בְּמִכְתָּבוֹ לְעֵיל מְסֻבָּר וּמְפֹרָט עַל אֵלּוּ מַעֲלוֹת צָרִיךְ לְבַסֵּס אֶת אַהֲבָתוֹ לְאִשְׁתּוֹ. "כִּי הִיא חֲבֶרְתּוֹ וְאֵשֶׁת בְּרִיתוֹ, וְיֵשׁ לָהֶם עִנְיָנִים מְשֻׁתָּפִים, וְכָל אֶחָד מְסַיֵּעַ וְנִסְתַּיֵּעַ זֶה מִזֶּה". טִפּוּחַ הַשֻּׁתָּפוּת הַמְּסֻבָּר לְעֵיל גַּם בְּמִכְתָּבוֹ שֶׁל מָרָן הַחֲזוֹן אִישׁ הוּא יְסוֹד לְאַהֲבָה הֲדָדִית, ה׳ יִתְבָּרַךְ הִטִּיל עַל אִישׁ וְאִשָּׁה תַּפְקִידִים שׁוֹנִים, וְנָתַן לָהֶם תְּכוּנוֹת שׁוֹנוֹת. תַּפְקִידֵיהֶם וּתְכוּנוֹתֵיהֶם מַשְׁלִימִים זֶה אֶת זֶה - "וְכָל אֶחָד מְסַיֵּעַ וְנִסְתַּיֵּעַ זֶה מִזֶּה". "וְיֵשׁ לָהֶם עִנְיָנִים מְשֻׁתָּפִים": הַמְאַחֵד אוֹתָם הִיא הַמַּטָּרָה הַמְשֻׁתֶּפֶת - עֲבוֹדַת ה׳ יִתְבָּרַךְ[10] לִבְנוֹת בַּיִת שֶׁל תּוֹרָה וְשֶׁל קִיּוּם מִצְוֹת. אִם אֵין מַטָּרָה מְשֻׁתֶּפֶת זוֹ, אָז כָּל אֶחָד דּוֹרֵשׁ אֶת הָאִינְטֶרֶסִים שֶׁלּוֹ, אֶת טוֹבָתוֹ הוּא עַד כְּדֵי דְּרִישַׁת שִׁוּוּי זְכֻיּוֹת חִיצוֹנִי - "לָמָּה לֹא תַּעֲשֶׂה בִּשְׁבִילִי אוֹתוֹ דָּבָר שֶׁאֲנִי עוֹשָׂה בִּשְׁבִילְךָ?" וִיסוֹדוֹת הַבַּיִת מִתְעַרְעֲרִים חַס וְשָׁלוֹם.

---

10. עַיֵּן בַּמַּהֲרַ"ל (בְּאֵר הַגּוֹלָה בְּאֵר רְבִיעִי עַמּוּד פ"ג) זֶהוּ פֵּרוּשׁ רַזַ"ל שֶׁמֵּאָז שֵׁשֶׁת יְמֵי בְּרֵאשִׁית ה׳ יִתְבָּרַךְ עוֹסֵק לְזַוֵּג זִוּוּגִים - שֶׁרַק עֲבוֹדַת ה׳ כְּמַטָּרָה מְשֻׁתֶּפֶת בְּכֹחָהּ לְאַחֵד אֶת הַנִּגּוּדִים.

Heaven." So too it is written there in that reference regarding the physical love of a woman, as that too must be brought into the cycle of service to Hashem.

In his letter quoted above he describes in detail the ideals one needs on which to base his love for his wife **"because she is his life's companion and his counterpart in creation, and they share life in partnership, and each one helps and is helped by the other."** The cultivation of this partnership which is also explained above in the letter of our master the Gaon Chazon Ish is the foundation of mutual love and affection. Hashem Yitbarach instilled within a man and a woman their different roles in life and gave them different "talents." Their "jobs" and their "talents" compliment and perfect each other – "each one helps and is helped by the other," "they share life's experiences as partners." What unites them as partners in common purpose to serve Hashem Yitbarach[10] is building a home of Torah and the fulfillment of mitzvot. If this goal is not approached in partnership and each one pursues their own interest – focusing on what is good only for themselves to the point where their relationship becomes purely superficial and affected, "Why don't you do for me the things that I do for you?!" – the foundation of their relationship crumbles, G-d forbid.

---

10. Please study the MaHaRal (Be'er HaGolah, fourth Be'er, page 83). This is the explanation of Chazal, that starting at the six days of Creation, Hashem Yitbarach is occupied with matching couples in marriage – for only their service to Hashem in joint partnership has the power to unite these two different people and make them one.

מאמר ב.

הַכָּרַת הַטּוֹב

"וְכֵן הָאַהֲבָה מִצַּד הַכָּרַת הַטּוֹב... וְעִנְיַן הַכָּרַת הַטּוֹבָה הוּא גָּדוֹל לְאֵין שִׁעוּר". יְסוֹד גָּדוֹל שֶׁעָלָיו צוֹמַחַת וּמִתְבַּסֶּסֶת הָאַהֲבָה הוּא הַכָּרַת הַטּוֹב. זוֹהִי אַחַת הַמִּדּוֹת הַטּוֹבוֹת שֶׁהָאָדָם צָרִיךְ לְסַגֵּל לְעַצְמוֹ, הֵן בֵּין אָדָם לַחֲבֵרוֹ, וְהֵן בֵּין אָדָם לַמָּקוֹם, כְּפִי שֶׁיִּסְבַּר לְהַלָּן בַּמִּכְתָּב. וְלֹא קַל הוּא קִנְיַן מִדָּה זוֹ, כִּי הָאָדָם מַרְגִּישׁ שֶׁכְּכָל שֶׁהוּא מַכִּיר טוֹבָה, הוּא גַּם "אֲסִיר תּוֹדָה", הַיְנוּ מִתְחַיֵּב לָתֵת תּוֹדָה וּמִשְׁעְבָּד לַמַּעֲנִיק לוֹ טוֹבָה. וּמִכֵּיוָן שֶׁאֵין אָדָם רוֹצֶה לְהִתְחַיֵּב וּלְהִשְׁתַּעְבֵּד, הוּא כּוֹפֵר בַּטּוֹבָה עַל יְדֵי כָּל מִינֵי תֵּרוּצִים וַאֲמַתְלָאוֹת, אוֹ עַל כָּל פָּנִים מַקְטִין אֶת הַטּוֹבָה שֶׁקִּבֵּל, כִּלְשׁוֹן רַזַ"ל "כּוֹפֶה בַּטּוֹבָה" (כִּלְשׁוֹן "כּוֹפֶה עָלָיו כְּלִי"). וְלִפְעָמִים אֲפִלּוּ מַחֲזִיר רָעָה תַּחַת טוֹבָה כְּדֵי לְהַפְגִּין שֶׁאֵינוֹ מַכִּיר בַּטּוֹבָה שֶׁקִּבֵּל.[11]

אָכֵן מִדַּת הַכָּרַת הַטּוֹב הִיא, רֵאשִׁית, עָלַי לְהוֹדוֹת עַל כָּל הֶקֵּף הַטּוֹבָה וּלְהַחֲשִׁיב אוֹתָהּ עַל כָּל פְּרָטֶיהָ. וְשֵׁנִית, לָתֵת תּוֹדָה (לְהוֹדוֹת עַל הָאֱמֶת וְלָתֵת תּוֹדָה הֵם מִשֹּׁרֶשׁ אֶחָד) עַל יְדֵי כָּל מִינֵי בִּטּוּיִים, וּלְהַרְגִּישׁ אֶת עַצְמִי קָשׁוּר בְּקִשְׁרֵי אַהֲדָה וְאַהֲבָה אֶל הַמֵּיטִיב. רָאִינוּ אֵצֶל אֲנָשִׁים גְּדוֹלִים שֶׁטּוֹבָה חַד פַּעֲמִית שֶׁקִּבְּלוּ לֹא נִשְׁכְּחָה מֵהֶם כָּל יְמֵי חַיֵּיהֶם,

11. אָמַר הַחֲתַם סוֹפֵר זַצַ"ל עַל מִי שֶׁהֵרַע לוֹ - שֶׁאֵינוֹ זוֹכֵר שֶׁעָשִׂיתִי לוֹ טוֹבָה גְּדוֹלָה, שֶׁבַּעֲבוּרָהּ מְשַׁלֵּם לוֹ כָּל כָּךְ הַרְבֵּה רָעָה.

Chapter 3 - Lesson 2

Gratitude.

"Moreover, this love must be an expression of gratitude...as the gratitude to his wife is tremendous and unlimited." The great fundamental rule directed at the Chatan on which his love can grow and will result in the blossoming of their affection is his tangible gratitude to his wife. Gratitude is one of the excellent character traits that a man must develop within himself, as it applies to his relationship with people and to his relationship with Hashem, as we will explain further on in the letter. Acquiring this character trait is not something that comes easily because a man who acknowledges a favor done to him also believes that he is constrained by an obligation of thanks, meaning, he is compelled to thank and reciprocate a favor back to that person. And since no man wants to oblige himself to be indebted to anyone he denies the goodness done to him using all kinds of reasons and excuses, or at the very least he minimizes the goodness he received in order that he should not be obligated to that person. Chazal label this attitude "ingratitude" \ "turning that goodnes upside down" (borrowing an expression – like turning a pot upside down), and on occasion he will even repay good with bad in order to demonstrate that he does not acknowledge the good done to him.[11]

However, the trait of gratitude is the recognition that first the obligation is on me to acknowledge the totality of good done to me and appreciate it in all of its detail, and second to give thanks for that good.[12] That gratitude should be expressed in many different ways,

---

11. Regarding something 'bad' that was once done to the Chatam Sofer *ZT"L*, he said – I don't ever remember doing such a big favor for him that because of it he repays me with so much "bad."

12. To acknowledge the truth להודות, and to give thanks תודה are two expressions that evolve from the same root word. (Rabbi Daniel Harris)

וּבְכָל הִזְדַּמְּנוּת שֶׁפָּגְשׁוּ אֶת הַמֵּיטִיב, בְּטְאוּ שׁוּב וָשׁוּב אֶת הַכָּרַת הַטּוֹבָה כְּלַפָּיו.

כָּאָמוּר, דָּבָר רִאשׁוֹן הוּא לְהַכִּיר בְּהֶקֵּף הַטּוֹבָה. אָמְרוּ רַזַ״ל [יְבָמוֹת ס״ג ע״א]: ״אַשְׁכְּחֵהּ רַבִּי יוֹסֵי לְאֵלִיָּהוּ. אֲמַר לֵיהּ, כְּתִיב אֶעֱשֶׂה לוֹ עֵזֶר, בַּמֶּה אִשָּׁה עוֹזַרְתּוֹ לָאָדָם? אֲמַר לֵיהּ, אָדָם מֵבִיא חִטִּין, חִטִּין כּוֹסֵס? פִּשְׁתָּן, פִּשְׁתָּן לוֹבֵשׁ? לֹא נִמְצֵאת מְאִירָה עֵינָיו, וּמַעֲמִידַתּוּ עַל רַגְלָיו״. רַבִּי יוֹסֵי זָכָה לְגִלּוּי אֵלִיָּהוּ (לֹא פּוֹגְשִׁים אֶת אֵלִיָּהוּ בָּרְחוֹב בְּאֹפֶן מִקְרִי!) אִם זוֹכִים לְגִלּוּי אֵלִיָּהוּ, בְּוַדַּאי יֵשׁ דְּבָרִים הָעוֹמְדִים בְּרוּמוֹ שֶׁל עוֹלָם שֶׁרוֹצִים לִשְׁאֹל אוֹתוֹ. וְהִנֵּה ר׳ יוֹסֵי שָׁאַל אוֹתוֹ שְׁאֵלָה פְּשׁוּטָה, שֶׁכָּל יֶלֶד יוֹדֵעַ לַעֲנוֹת עָלֶיהָ: ״אִמָּא מְכִינָה אֶת כָּל צָרְכֵי הַבַּיִת״. וְלִכְאוֹרָה גַּם תְּשׁוּבַת אֵלִיָּהוּ הִיא פְּשׁוּטָה: הִיא מְכִינָה לְבַעְלָהּ אֶת צָרְכֵי הָאֹכֶל וְהַבִּגּוּד.

יֵשׁ לְפָרֵשׁ שֶׁשְּׁאֵלַת ר׳ יוֹסֵי הָיְתָה: כְּשֶׁהַתּוֹרָה מְיַעֶדֶת אֶת הָאִשָּׁה עֵזֶר כְּנֶגֶד בַּעְלָהּ, וַדַּאי שֶׁמִּתְכַּוֶּנֶת לִדְבָרִים רָמִים וְנִשְׂגָּבִים, כְּגוֹן שֶׁהִיא עוֹזֶרֶת לוֹ לְהַשִּׂיג מַדְרֵגוֹת רוּחָנִיּוֹת גְּבוֹהוֹת בַּעֲבוֹדַת ה׳ יִתְבָּרַךְ. אֵיךְ מִתְמַמֵּשׁ הַדָּבָר?

תְּשׁוּבַת אֵלִיָּהוּ הָיְתָה שֶׁצָּרִיךְ לִרְאוֹת אֶת עֶזְרַת הָאִשָּׁה בַּמֵּמַד הַנָּכוֹן, וְעִקַּר תְּשׁוּבָתוֹ הִיא בַּסֵּיפָא שֶׁל דְּבָרָיו: ״לֹא נִמְצֵאת מְאִירָה אֶת עֵינָיו, וּמַעֲמִידַתּוּ עַל רַגְלָיו״. לֵאמֹר, אָכֵן הִיא עוֹזֶרֶת לַעֲלִיָּתוֹ הָרוּחָנִית, וּמַמָּשׁ מְאִירָה אֶת עֵינָיו וְכוּ׳, עַל יְדֵי שֶׁהִיא מְכִינָה אֶת כָּל צְרָכָיו, כְּדֵי שֶׁיּוּכַל לְהִתְמַסֵּר לַתּוֹרָה

and I must feel attached to the person who did that goodness to me with the bonds of fondness and affection. We see in the behavior of great people that a favor done once to them stays in their memory all of their lives, and each time they meet the giver of that favor they again express their gratitude to him.

As we said, the first thing is for the recipient to tangibly recognize the totality of the good done to him. Chazal have said (in Gemara Yevamot 63a) Rebbe Yossi met Eliyahu HaNavi. He said to Eliyahu "It is written in the Torah – I will make a helper for him." In what way does a wife help her husband? Eliyahu answered Rebbe Yossi "A man brings home wheat – can he eat it raw! A man brings home flax – can he wear raw flax? "We see how she enlightens him and stands him up on his feet." Rebbe Yossi merited to see Eliyahu HaNavi (One does not happen to meet Eliyahu by chance on the street!). If one merits to see Eliyahu then it must be that the reason for it is so extremely important, meaning that the question he needs to ask Eliyahu is extremely important and stands at the heights of the world. Yet seemingly Rebbe Yossi asked Eliyahu a very simple question - In what way does a wife help her husband which any child could answer. For example, "My mother prepares all of the needs of our family," and seemingly Eliyahu's answer was also very obvious "She prepares for her husband his meals and all of his clothing needs."

One must explain that Rebbe Yossi's question was – When the Torah designated a wife to be a helpmate to her husband with absolute certainty the intent was addressing a concept that was spiritually lofty and exalted, as for example, she is helping him to achieve even higher levels of spirituality in his service to Hashem. How does this help materialize?

Eliyahu's answer was – One must look at the help a wife provides to her husband in a correct perspective, and that the main part of Eliyahu's answer to Rebbe Yossi was said at the conclusion of his statement "Don't we see – She enlightens him and stands him on his feet." Thus she helps to raise up his spirituality, and she literally

וְלַעֲבוֹדַת ה' יִתְבָּרַךְ, וּלְמַלֵּא אֶת תַּפְקִידוֹ בְּהַצְלָחָה[13] (אִם הָאִשָּׁה נוֹפֶלֶת לְמִשְׁכַּב חַס וְשָׁלוֹם, וְכָל עִנְיְנֵי הַבַּיִת נוֹפְלִים עַל הַבַּעַל - יִלְמַד לְהַכִּיר אֶת אֲמִתּוּת הַדְּבָרִים!)

אֵלִיָּהוּ לִמֵּד אֵיךְ צָרִיךְ לְהַעֲרִיךְ אֶת עֲבוֹדַת הָאִשָּׁה, כְּדֵי שֶׁנֵּדַע אֵיךְ לְהַכִּיר לָהּ טוֹבָה. לֹא מַסְפִּיק שֶׁהַכָּרַת טוֹבָה זוֹ הִיא בְּהַכָּרָתוֹ וּבְלִבּוֹ שֶׁל הַבַּעַל, אֶלָּא צָרִיךְ לְבַטֵּא זֹאת בַּפֶּה וּבְבִטּוּיִים שֶׁל חִבָּה.

לַאֲמִתּוֹ שֶׁל דָּבָר, הַבָּעַת תּוֹדָה וְהַכָּרַת טוֹבָה הֵם מַמְרִיצִים גְּדוֹלִים לְהוֹסִיף טוֹבוֹת. זֶה מוֹצֵא אֶת בִּטּוּיוֹ בְּחַיֵּי מִסְחָר, שָׁם מְלַמְּדִים אֶת הַזַּבָּנִים וּמְשָׁרְתֵי הַקָּהָל לוֹמַר תּוֹדָה לַלָּקוֹחוֹת, כְּדֵי שֶׁיַּחְזְרוּ לִקְנוֹת, וְכֵן מַדְפִּיסִים עַל סַלֵּי הַקְּנִיָּה: "תּוֹדָה וּלְהִתְרָאוֹת". אִם כֵּן בְּוַדַּאי זֶה בָּדוּק וּמְנֻסֶּה שֶׁכְּדַאי לְהוֹדוֹת. אָמְנָם זֶה חֶשְׁבּוֹן שֶׁלֹּא לִשְׁמָהּ, אֲבָל מִתּוֹךְ שֶׁלֹּא לִשְׁמָהּ בָּא לִשְׁמָהּ.

אוֹיֵב הַכָּרַת הַטּוֹבָה הִיא הַשִּׁגְרָה, וְהַתְּחוּשָׁה "הֲרֵי כָּל הַנָּשִׁים עוֹשׂוֹת זֹאת לְבַעְלֵיהֶן". לָכֵן דָּרוּשׁ תָּמִיד הִתְעוֹרְרוּת וְהִתְחַזְּקוּת חֲדָשָׁה לְהַכִּיר טוֹבָה לָאִשָּׁה וּלְהוֹדוֹת לָהּ עַל כָּל הַדְּבָרִים הַשִּׁגְרָתִיִּים.[14] הֲרֵי עִקַּר טִרְחַת הָאִשָּׁה הִיא בַּעֲבוּר

---

13. יִתָּכֵן שֶׁזֶּה אוֹתוֹ ר' יוֹסֵי, שֶׁאַחֲרֵי שֶׁשָּׁמַע זֹאת מִפִּי אֵלִיָּהוּ, אָמַר [שַׁבָּת קי"ח ע"ב]: "מִיָּמַי לֹא קָרִיתִי לְאִשְׁתִּי - אִשְׁתִּי, אֶלָּא בֵּיתִי", שֶׁלָּמַד לְהַעֲרִיךְ אוֹתָהּ בַּמֵּמַד הַנָּכוֹן.

14. זְכוּרַנִי כַּאֲשֶׁר יָשַׁבְתִּי בְּבֵית מו"ר הגה"צ רַבִּי אֵלִיָּהוּ אֱלִיעֶזֶר דֶּסְלֶר זַצַ"ל בְּיוֹם קַיִץ חַם, וְאִשְׁתּוֹ הָרַבָּנִית ע"ה הֵבִיאָה לָנוּ שְׁתִיָּה קָרָה, אֵיךְ

"opens up his eyes." She does this by preparing for him all of his needs in order for him to be able to devote himself to his Torah and service to Hashem Yitbarach, and successfully complete his mission.[13] (And G-d forbid the wife becomes sick and the family's needs now all become the responsibility of the husband - he will very quickly learn to acknowledge the truthfulness of these things and just how much his wife helps him).

Eliyahu taught us how a husband must value all of his wife's efforts in order to actualize his gratitude to her. It is not enough that the husband's gratitude to his wife is something he acknowledges and feels in his heart, rather, he must endearingly verbalize to her his feelings of appreciation.

The truth of the matter is that conveying appreciation and gratitude is a great encouragement to foster additional favors, as this lesson finds application in the business world where sales people and people who serve the public are taught to thank their customers in order for them to come back and buy again. That is why the words "Thank you, please come back again soon" are printed on shopping bags. That being so, with absolute certainty it has been tested and validated that it is worthwhile to express "thanks" even though the motive is not entirely sincere. However, with this thoughtfulness-training his appreciation will eventually become completely sincere.

The great enemy of gratitude is drudgery, the same monotonous feeling that "all wives do those things for their husbands." Therefore one must constantly encourage and strengthen anew one's appreciation for his wife and thank her for all of the good things she routinely does for him.[14] The main work a wife does is

---

13. It is likely that this is the same Rebbe Yossi who said after he heard these words from the mouth of Eliyahu (Gemara Shabbat 118b) "Throughout my life I never once called my wife – "My wife," rather, I called her – "My home," as he learned to value her appropriately in everything she does.

14. I remember one hot summer day when I was in the house of my rebbe

בַּעַל הַבַּיִת. אֲפִלּוּ אִלּוּ הָיִינוּ מְקַבְּלִים אֶת הַטּוֹבוֹת דֶּרֶךְ אֲגַב, שֶׁלֹּא בְּמִתְכַּוֵּן, הָיִינוּ מְחֻיָּבִים בְּהַכָּרַת טוֹבָה. כָּךְ אָנוּ לוֹמְדִים מִמַּעֲשֶׂה רַבִּי חִיָּא [יְבָמוֹת ס״ג סוֹף ע״א]: ״רַבִּי חִיָּיא הֲוָה קָא מְצַעֲרָא לֵיהּ דְּבֵיתְהוּ. כִּי הֲוָה משכח מִידֵי (רַשִׁ״י: דָּבָר הָרָאוּי לָהּ), צַייר לֵיהּ בסודריה ומייתי ניהלה. אֲמַר לֵיהּ רַב, וְהָא קָא מצערא לֵיהּ לְמַר. אָמַר לֵיהּ, דַּיֵּנוּ שֶׁמְּגַדְּלוֹת אֶת בָּנֵינוּ, וּמַצִּילוֹת אוֹתָנוּ מִן הַחֵטְא״. כְּשֶׁהָלַךְ רַבִּי חִיָּיא בָּרְחוֹב, כְּבָר חָשַׁב אֵיךְ יָכוֹל הוּא לְבַטֵּא אֶת הַכָּרַת הַטּוֹבָה לְאִשְׁתּוֹ. אֶת הַחֵפֶץ שֶׁקָּנָה בַּעֲבוּרָהּ עָטַף בְּסוּדָרוֹ - הֵבִיא לָהּ בְּצוּרָה מְכֻבֶּדֶת. הוּא לֹא הִזְכִּיר שֶׁמַּכִּיר לָהּ טוֹבָה בַּעֲבוּר שֶׁמְּכִינָה לוֹ אֶת הָאֹכֶל וְכוּ׳, כַּנִּרְאֶה שֶׁזֹּאת לֹא עָשְׂתָה לוֹ. וַהֲרֵי מַה שֶּׁמְּגַדֶּלֶת אֶת הַבָּנִים - עָשְׂתָה בִּשְׁבִיל עַצְמָהּ, בִּשְׁבִיל הַבָּנִים שֶׁלָּהּ. וּמַה שֶּׁמַּצִּילָהּ אוֹתוֹ מֵהַחֵטְא - זֶהוּ דָּבָר שֶׁנַּעֲשֶׂה מִמֵּילָא, כֵּיוָן שֶׁהִיא אִשְׁתּוֹ. מְלַמְּדִים אוֹתָנוּ רַזַ״ל שֶׁעַל כָּל טוֹבָה שֶׁמְּקַבְּלִים צָרִיךְ לְהַכִּיר טוֹבָה, גַּם כַּאֲשֶׁר הַמֵּטִיב לֹא הִתְכַּוֵּן כְּלָל לַעֲשׂוֹת לָנוּ טוֹבָה, וְכַאֲשֶׁר יֵשׁ עָלָיו טְעָנוֹת רַבּוֹת.

וְאִם תֹּאמַר, אֵיךְ יִתְקַבְּלוּ הַבָּעוֹת הַתּוֹדָה הַתְּדִירִיִּים אֵצֶל הָאִשָּׁה, הַאִם זֶה לֹא יֵרָאֶה בְּעֵינֶיהָ כִּמְגֻזָּם? נֵדַע נָא שֶׁאֵין אָדָם מִתְעַיֵּף מִלְּקַבֵּל תּוֹדָה, אוּלַי מִתְעַיֵּף מִלָּתֵת תּוֹדָה.

מו״ר הוֹדָה לָהּ בְּחִיּוּךְ נִלְבָּב עַל פָּנָיו וּבְפֶה מָלֵא: ״אֲנִי מוֹדֶה לָךְ מְאֹד״, כְּאִלּוּ שֶׁעָשְׂתָה בִּשְׁבִילוֹ דָּבָר יוֹצֵא מִן הַכְּלָל, וְלֹא מַשֶּׁהוּ מוּבָן מֵאֵלָיו.

for the benefit of her husband. Even if we unintentionally 'receive' those 'favors' incidentally, we would be obligated to express our gratitude. We learn this from the behavior of Rebbe Chiyya (in Gemara Yevamot 63a). Rebbe Chiyya had a wife who constantly aggravated him and she did the opposite of whatever he asked of her. Whenever he would find something that he could give her as a gift (Rashi – Something appropriate for her) he wrapped it in his scarf and gave it to her as a present. Rav said to Rebbe Chiyya – She is aggravating the master, why are you giving her gifts? Rebbe Chiyya answered Rav "It is enough that she raises our children and saves me from sin." We see from the Gemara that as Rebbe Chiyya was walking along the street he was thinking to himself how he could express his appreciation to his wife for what she does for the wellbeing of their family. He took the item he bought as a gift for her and wrapped it in his scarf, and presented it to her in a respectful way. He did not mention to Rav that he owes her gratitude for preparing his food, etc., for it appears that she did not do those things for him, but she raised their children, as she did those things for herself and for her children. And regarding the reality that she saves him from sin, that was something that happens automatically since she is his wife. Chazal are teaching us that for every good we receive we must show gratitude even if the giver had no intention to do that good for us and there are many complaints against that benefactor.

And if you were to ask how will the wife accept constant expressions of gratitude, won't they appear to her as being insincere exaggerations? Please understand that a person never tires of receiving thanks although perhaps he tires of giving thanks. He must

---

and teacher the Rav Gaon and Tzadik Rabbi Eliyahu Eliezer Dessler ZT"L, and his Rebbetzen wife A"H brought us a cold drink. How our teacher the Rav praised her with a wide smile of appreciation on his face and with words of thanks, "Thank you very much," as if she did something remarkable for him, and not something that was self-understood.

וַדַּאי שֶׁצָּרִיךְ לִמְצֹא אֶת הַבִּטּוּיִים הַנָּאוֹתִים, וְלֹא לְהִסְתַּפֵּק בְּמִלְמוּלֵי תּוֹדָה שִׁגְרָתִיִּים.

מאמר ג.

אוֹתָן הַמַּעֲלוֹת שֶׁצָּרִיךְ לְהַנְהָגַת הַבַּיִת הֵן הַמַּעֲלוֹת הַיְסוֹדִיּוֹת לַעֲבוֹדַת ה׳

"וְעִנְיַן הַכָּרַת הַטּוֹבָה הוּא גָּדוֹל לְאֵין שִׁעוּר, וּבַחֲזַ"ל בְּמִשְׁנַת רַבִּי אֱלִיעֶזֶר[15] פֶּרֶק ז׳ אָמְרוּ: שֶׁכָּל הַכּוֹפֵר בְּטוֹבָתוֹ שֶׁל חֲבֵרוֹ, לְבַסּוֹף כּוֹפֵר בְּטוֹבָתוֹ שֶׁל קוֹנוֹ. וְעַיֵּן שָׁם שֶׁהֶחְמִירוּ מְאֹד בָּזֶה". שָׁם מְבֹאָר שֶׁשֹּׁרֶשׁ רֹב חֶטְאֵי עַם יִשְׂרָאֵל הָיוּ עַל יְדֵי כְּפִירַת טוֹבָה, וְשֶׁהַכָּרַת טוֹבָה הוּא הַיְסוֹד לַעֲבוֹדַת ה׳ יִתְבָּרַךְ, עַיֵּן שָׁם.

הַמִּדּוֹת הַטּוֹבוֹת שֶׁאָדָם צָרִיךְ לְסַגֵּל לְעַצְמוֹ בְּיַחַס שֶׁבֵּין אִישׁ לְאִשְׁתּוֹ הֵן הֵן אוֹתָן הַמִּדּוֹת שֶׁהוּא זָקוּק לָהֶן בָּעֲבוֹדָה שֶׁבֵּינוֹ לְבֵין קוֹנוֹ. כְּכָל שֶׁאָנוּ מִשְׁתַּדְּלִים לֹא לְקַבֵּל אֶת הַטּוֹבוֹת מִנְּשׁוֹתֵינוּ בְּשִׁגְרָתִיּוּת כְּדָבָר הַמּוּבָן מֵאֵלָיו, כָּךְ נְפַקַּח גַּם עֵינֵינוּ לִרְאוֹת כָּל הַטּוֹבוֹת הַיּוֹם יוֹמִיּוֹת הַגְּדוֹלוֹת וְהַקְּטַנּוֹת, שֶׁאָנוּ מְקַבְּלִים מֵאֵת ה׳ יִתְבָּרַךְ. אִם כֵּן, אָנוּ מְקַבְּלִים מִמַּד

15. אֵין זֶה סֵפֶר פִּרְקֵי דְּרַבִּי אֱלִיעֶזֶר, אֶלָּא חִבּוּר אַחֵר מֵאֵת רַבִּי אֱלִיעֶזֶר הַגָּדוֹל.

certainly find the appropriate means for expressing his appreciation and not be content with himself by mumbling his thanks out of routine habit.

——— ℘ ———

Chapter 3 - Lesson 3

The character traits vital to a marriage relationship are the very same character traits that are the foundation of service to Hashem.

"This topic of gratitude is so very great as to be limitless. Chazal in the Mishnah of Rebbe Eliezer[15] say that "anyone who denies the goodness done to him by a friend in the end will deny the goodness done to him by his Creator. Please study carefully that reference where Chazal were extremely strict in this regard." Chazal explain in that reference that the root cause of a majority of the sins of the Jewish people is ingratitude, and that gratitude is the basis of service to Hashem Yitbarach; please see that reference.

The same good character traits that a man must develop in the relationship between himself and his wife are the very same character traits that he needs in his relationship with his Creator. As much as we make an effort not to take for granted the favors we receive from our wives as though they were routine and nothing special, so too our eyes should be open to see all of the daily good that we receive from Hashem Yitbarach, big and small day after day. That being so we receive a new dimension of insight into all of the investment of effort and energy to acquire and perfect good

---

15. This is not the sefer Pirkei D'Rebbe Eliezer, rather it is a different sefer written by Rebbe Eliezer HaGadol.

חָדָשׁ שֶׁל הִסְתַּכְּלוּת עַל כָּל הַשְׁקָעָה שֶׁל מַאֲמָץ בִּרְכִישַׁת וְשִׁפּוּר מִדּוֹת טוֹבוֹת לְמַעַן יְסוֹד וּשְׁלֵמוּת הַבַּיִת - אֵלֶּה הַמִּדּוֹת הֵן הַמְשַׁמְּשׁוֹת אוֹתָנוּ גַּם בַּעֲבוֹדָתֵנוּ אֶת ה' יִתְבָּרַךְ!

מאמר ד.

אַהֲבָה לְאִשְׁתּוֹ - מֵהַמִּדּוֹת הַטּוֹבוֹת

"וְעַל אַהֲבָה כָּזוֹ (שֶׁנּוֹבַעַת מֵהַשְׁתָּפוּת וּמֵהַכָּרַת טוֹבָה) חִיְּבוּ חֲזַ"ל. אַהֲבָה זוֹ אֵינָהּ מִמִּדַּת הַתַּאֲוָה כְּלָל, רַק מֵאַחַת הַמִּדּוֹת הַטּוֹבוֹת שֶׁמְּחֻיָּבִים בָּזֶה" וְכוּ'. רַזַ"ל חִיְּבוּ אוֹתָנוּ לִהְיוֹת "אוֹהֵב אֶת אִשְׁתּוֹ כְּגוּפוֹ". הַחִיּוּב הוּא לְפַתֵּחַ אֶת הַיְסוֹדוֹת שֶׁמֵּהֶם צוֹמַחַת אַהֲבָה מְעֻדֶּנֶת זוֹ, שֶׁהִיא כֻּלָּהּ מַעֲלָה וּמִמִּדּוֹת הַטּוֹבוֹת, וְהִיא כַּוָּנַת הַיְצִירָה - הִשְׁתַּדְּלוּת לְהִתְאַחְדוּת (כִּלְשׁוֹן מָרָן הַחֲזוֹ"א). בְּיִחוּד בַּשָּׁנָה הָרִאשׁוֹנָה צָרִיךְ לַעֲבֹד עַל פִּתּוּחַ הַזִּיקָה הַנְּכוֹנָה לְרַעְיָתוֹ. כִּבְכָל מַעֲלָה וּמִדָּה טוֹבָה, זוֹ עֲבוֹדָה הַדּוֹרֶשֶׁת שִׂימַת לֵב וּזְמַן. יֵשׁ בְּהִתְפַּתְּחוּת זוֹ מַעֲלוֹת וּמוֹרָדוֹת, וְאִי אֶפְשָׁר לְצַפּוֹת לְתוֹצָאוֹת מְהִירוֹת.

גַּם אֶת זֶה לְעֻמַּת זֶה - זֶה גֵּיהִנֹּם וְגַן עֵדֶן. כַּמָּה בֵּינֵיהֶם - טֶפַח [קֹהֶלֶת רַבָּה פ"א]. מַאֲמָר זֶה כֹּחוֹ יָפֶה בְּיִחוּד לְיַחַס בֵּין אִישׁ לְאִשְׁתּוֹ. אִם מַשְׁאִירִים אֶת הַכֹּל לַטֶּבַע - יִתְפַּתַּח גֵּיהִנֹּם, וְאִם מְרוֹמְמִים אֶת הַיַּחַס לַעֲבוֹדָה שֶׁל מִדּוֹת טוֹבוֹת - יוֹצְרִים גַּן עֵדֶן.

character traits that go into the foundation and perfection of the family – these are the very same good character traits that guide us in our service to Hashem Yitbarach.

Chapter 3 - Lesson 4

Affection for one's wife – is among those good character traits.

"**This kind of love** (arising from partnering and gratitude) **that Chazal require of us is not at all based on physical desire, but rather it is one of the good character traits that are mandatory in a marriage relationship, etc.**" Chazal obligate a man to "love his wife as he loves his own body." This requirement means developing the foundations of a husband-wife bonded relationship from which this refined love can blossom - which is entirely elevated by good character traits - as that is the intent of Creation. Particularly in their first year they must work on developing a proper attachment for each other, just as in the development of any good character which demands attention and time. In the progress of this development there are ups and downs, and it is not possible to hope for an instant outcome.

All of this is in balance, one relative to the other. This is Hell - a contentious, argumentative relationship, and this is Gan Eden - a partnered, sensitive, growing relationship. What is the distance between Heaven and Hell? An inch (Midrash Kohelet Rabbah, seventh chapter). Keeping this statement in mind is especially helpful in the relationship between a husband and his wife. If everything in their relationship is left alone and unattended it is an open door to Hell, but if the relationship is worked at and raised up to a higher level with good character traits - gratitude, attention, sensitivity, etc. - the outcome is Gan Eden.

פֶּרֶק רְבִיעִי

מִדִּבְרֵי הָרַמְבַּ"ם
סוֹף פֶּרֶק ט"ו מֵהִלְכוֹת אִישׁוּת

הָרַמְבַּ"ם בְּהִלְכוֹת אִישׁוּת בְּסוֹף פֶּרֶק ט"ו נוֹתֵן הוֹרָאוֹת לָאִישׁ וְלָאִשָּׁה אֵיךְ לְהִתְנַהֵג זֶה עִם זֶה. הָבָה נִלְמַד אֶת הַהֲלָכָה שֶׁנּוֹגַעַת לָנוּ - אֵיךְ הַבַּעַל צָרִיךְ לְהִתְנַהֵג.

כָּאן הַמָּקוֹם לְהַדְגִּישׁ שֶׁאֵין הֲדָדִיּוּת בַּמִּצְווֹת שֶׁבֵּין אָדָם לַחֲבֵרוֹ, וְכֵן לֹא בַּהִתְנַהֲגוּת בֵּין אִישׁ לְאִשְׁתּוֹ. אֵין לוֹמַר - אִם אַתָּה מְמַלֵּא אֶת הַחוֹבוֹת כְּלַפַּי, אֲמַלֵּא אֲנִי אֶת הַחוֹבוֹת כְּלַפֶּיךָ. כִּי מִצְווֹת בֵּין אָדָם לַחֲבֵרוֹ אֵינָם עִסְקָא הֲדָדִית, אֶלָּא הֵם חוֹבוֹת הַתּוֹרָה גַּם בֵּין אָדָם לַמָּקוֹם. לָכֵן קִיּוּם הִלְכוֹת הָרַמְבַּ"ם שֶׁמֻּטָּלוֹת עַל הָאִישׁ אֵינָן מֻתְנוֹת וּתְלוּיוֹת בְּקִיּוּם הָאִשָּׁה אֶת הַהֲלָכוֹת הַמֻּטָּלוֹת עָלֶיהָ.

זֶה לְשׁוֹן הָרַמְבַּ"ם [הִלְכוֹת אִישׁוּת פֶּרֶק ט"ו הֲלָכָה י"ט]: "וְכֵן צִוּוּ חֲכָמִים שֶׁיְּהֵא אָדָם מְכַבֵּד אֶת אִשְׁתּוֹ יוֹתֵר מִגּוּפוֹ וְאוֹהֲבָהּ כְּגוּפוֹ. וְאִם יֵשׁ לוֹ מָמוֹן, מַרְבֶּה בְּטוֹבָתָהּ כְּפִי מָמוֹנוֹ. וְלֹא יַטִּיל עָלֶיהָ אֵימָה יְתֵרָה, וִיהִי דִּבּוּרוֹ עִמָּהּ בְּנַחַת, וְלֹא יִהְיֶה עָצֵב וְלֹא רַגְזָן".

Chapter 4

Quoting the RambaM

In the laws of Ishut at end of the fifteenth chapter.

The RambaM in the laws of marriage, at the end of the fifteenth chapter gives direction to a man and a woman on how to behave with each other. Come, let us learn the laws that pertain to us, how a husband must behave with his wife.

This is the place to emphasize that the mitzvot between man and his friend are not mutually reciprocal; reciprocity is not what the relationship is between a husband and his wife. Do not say "If you do what you are supposed to do for me, I will do what I'm supposed to do for you," because the interpersonal mitzvot - mitzvot done between one person and another - are not based on reciprocity, rather, they are also Torah-imposed obligations between man and his Creator. Therefore, fulfilling the Rambam's laws which are the responsibility of the man to his wife are not at all dependent on the woman's fulfillment of the laws that pertain to her.

This is the language of the Rambam (Hilchot Ishut, 15th chapter, 19th halacha) "And also Chazal commanded the husband to honor his wife, to care for his wife more than he cares for himself and to love her as he loves his own body. If he has money he should shower her with gifts in proportion to what he can afford. He may not impose excessive fear on her. His conversation with her must always be soft-spoken and he should not be irritable or angry."

———— ℘ ————

מאמר א.

דִּבּוּר בְּנַחַת

"וְלֹא יַטִּיל אֵימָה יְתֵרָה" - כְּפִי שֶׁנֶּאֱמַר [גִּטִּין ו' ע"ב] "אַל
יַטִּיל אָדָם אֵימָה יְתֵרָה בְּתוֹךְ בֵּיתוֹ... אָמַר רַב, כָּל הַמֵּטִיל
אֵימָה יְתֵרָה בְּתוֹךְ בֵּיתוֹ, הוּא בָּא לִידֵי שָׁלֹשׁ עֲבֵרוֹת: גִּלּוּי
עֲרָיוֹת וּשְׁפִיכַת דָּמִים וְחִלּוּל שַׁבָּת" (עַיֵּן שָׁם בְּרַשִׁ"י שֶׁמְּפָרֵשׁ
אֵיךְ עֲלוּלִים לְהִכָּשֵׁל בִּשְׁלֹשֶׁת עֲבֵרוֹת אֵלֶּה, וְעַיֵּן לְהַלָּן שָׁם
בַּגְּמָרָא).

"וִיהְיֶה דִּבּוּרוֹ עִמָּהּ בְּנַחַת" - הוּא הַהֵפֶךְ שֶׁל "אֵימָה יְתֵרָה".
וְכָךְ אִיתָא שָׁם הֶמְשֵׁךְ הַמַּאֲמָר [בְּגִטִּין שָׁם]: "אָמַר רַבָּה הָא
דְּאָמְרֵי רַבָּנָן, שְׁלֹשָׁה דְּבָרִים צָרִיךְ אָדָם לוֹמַר בְּתוֹךְ בֵּיתוֹ
עֶרֶב שַׁבָּת עִם חֲשֵׁכָה: עִשַּׂרְתֶּם, עֵרַבְתֶּם, הַדְלִיקוּ אֶת הַנֵּר,
וְצָרִיךְ לְמִימְרִינְהוּ בְּנִיחוּתָא כִּי הֵיכֵי דְּלִיקַבְּלוּ??? מִנֵּיהּ".
אַל יַחְשֹׁב אָדָם שֶׁבַּהֲרָמַת קוֹל מִתְקַבְּלִים דְּבָרָיו יוֹתֵר, אֶלָּא
לְהֵפֶךְ: "דִּבְרֵי חֲכָמִים בְּנַחַת נִשְׁמָעִים" [קֹהֶלֶת ט', י"ז] הֲרָמַת
קוֹל רַק מְעוֹרֶרֶת הִתְנַגְּדוּת.

— જ —

מאמר ב.

תּוֹכָחָה בַּשָּׁעָה הָרְאוּיָה

שְׁלֹשָׁה דְּבָרִים אֵלֶּה צָרִיךְ לוֹמַר בְּעֶרֶב שַׁבָּת עִם חֲשֵׁכָה, כִּי
אִי אֶפְשָׁר לְדַחוֹתָן לְשָׁעָה אַחֶרֶת. אוּלָם יִזָּהֵר הַבַּעַל מִבִּקֹּרֶת

Chapter 4 - Lesson 1

Speaking softly.

"He may not impose excessive fear on her," as it states (in Gemara Gittin 6a) "A man may not impose excessive fear on his family... Rav said 'Whoever imposes excessive fear on his family will come to three sins – adultery, murder and Shabbat desecration'." (Please study carefully Rashi on that Gemara who explains how it is very likely that these kinds of people will commit these sins; also see further on in that same Gemara).

"And his conversation must always be soft-spoken" which is the opposite of "excessive fear.'" So too it is brought down further on in that Gemara. "Rabbah said the Rabbis said a husband must mention three things to his family as Shabbat approaches: Did you take the proper tithes? Did you make an Eruv? Light the candles! Those three things must be said in a soft-spoken tone of voice so that his family will listen to him." One should not think that he is more likely to be obeyed if he raises his voice, rather, it is exactly the opposite. "The soft-spoken words of Chachamim are listened to" (Kohelet 9:17). Raising your voice will only provoke resistance to what you are saying.

——— ℘ ———

Chapter 4 - Lesson 2

Rebuke, but only at the appropriate time.

Three inquiries must be made as Shabbat is approaching and dusk is about to settle since making those inquiries cannot be deferred past that time. However, in saying them the husband must be very careful not to criticize his family Erev Shabbat or Erev Yom

בְּעֶרֶב שַׁבָּת וּבְעַרְבֵי יָמִים טוֹבִים, כִּי זֶהוּ זְמַן לַחַץ בְּכָל הַבָּתִּים, וְאֵין הַבִּקֹּרֶת עֲשׂוּיָה לְהִתְקַבֵּל, אֶלָּא יְחַכֶּה לִזְמַן נִינוֹחַ. וְגַם אָז יֹאמַר אֶת דְּבָרָיו בְּנִיחוּתָא דְּלִיקַבְּלוּ מִינֵּיהּ. וְלֹא יֹאמַר אֶת דְּבָרָיו בִּלְשׁוֹן תְּבִיעָה וְהַתְקָפָה - "לָמָּה עָשִׂית כָּךְ", אוֹ - "לָמָּה לֹא עָשִׂית כָּךְ", אֶלָּא יֹאמַר אֶת הַדְּבָרִים בְּאֹפֶן בִּלְתִּי יָשִׁיר - רָאוּי אוֹ כְּדַאי לַעֲשׂוֹת כָּךְ, אוֹ יְדַבֵּר בִּלְשׁוֹן אֲנַחְנוּ - אֲנַחְנוּ נִנְהַג כָּךְ וְכָךְ. עַל כָּל פָּנִים יִשְׁתַּדֵּל שֶׁלֹּא לוֹמַר אֶת בִּקָּרְתּוֹ בִּשְׁעַת מַעֲשֶׂה, כִּי זֶה עָלוּל לְעוֹרֵר אֵצֶל הָאִשָּׁה רָצוֹן לְהִצְטַדֵּק וּלְהִתְנַצֵּחַ, אֶלָּא יִדְחֶה אֶת דְּבָרָיו וִיחַכֶּה לִשְׁעַת הַכֹּשֶׁר. עַל כָּל פָּנִים, אֵין לוֹמַר דִּבְרֵי בִּקֹּרֶת בִּפְנֵי אֲחֵרִים, וְלֹא לִפְנֵי בְּנֵי הַמִּשְׁפָּחָה. אֶלָּא לְהֶפֶךְ, לִפְנֵי אֲחֵרִים צָרִיךְ לְהַצְדִּיק אֶת אִשְׁתּוֹ וּלְהַווֹת אִתָּהּ "חֲזִית" אַחַת.

גַּם אֵין לַעֲרֹךְ הַשְׁוָאוֹת עִם אֲחֵרִים, כְּגוֹן: "לָמָּה אֵין אַתְּ עוֹשָׂה כְּמוֹ הָאִמָּא שֶׁלִּי", "כְּמוֹ אֲחוֹתִי", "כְּמוֹ שֶׁעוֹשִׂים בְּבֵית פְּלוֹנִי", כִּי זֶה פּוֹגֵעַ וּמַעֲלִיב. אֶלָּא צָרִיךְ לְדַבֵּר בִּלְשׁוֹן הַצָּעָה: נִשְׁתַּדֵּל לַעֲשׂוֹת בְּדֶרֶךְ זוֹ, כִּי יִתָּכֵן שֶׁזֶּה יוֹתֵר יָעִיל.

מאמר ג.

דִּבּוּר שֶׁלֹּא בְּנַחַת - אוֹנָאָה

הַגָּהוֹת מַיְימוֹנִי מֵבִיא עַל "בְּנַחַת" כְּמָקוֹר אֶת הַגְּמָרָא [בָּבָא מְצִיעָא נ"ט ע"א]: "לְעוֹלָם יְהֵא אָדָם זָהִיר בְּאוֹנָאַת אִשְׁתּוֹ",

Tov because that is a time of great pressure in all households and his criticism will not be accepted. Rather, he should wait for an appropriate calm time, and even then he should say what he has to say calmly in order that they will listen to him. He should not speak to them in an accusing or confrontational voice "Why did you do that!" or "Why didn't you do it this way!" Rather, he should speak to them in an indirect way "It is fitting or appropriate to do it in this way," or speak to them in a plural form – and use the word "We," "We should conduct ourselves in this way." In any event he must try not to express any criticism at a time when his family is frantically working under pressure and he finds some fault with something they are doing, because it is likely that his wife will justify what she did and prove herself correct. Instead of a confrontation he should postpone making his comment and wait for a more relaxed time. In any event he should not voice his criticism in front of others and not in front of the members of the family, rather just the opposite, in front of others he must justify his wife and unite with her in support of her actions.

Also, one must never make comparisons of her to other people. For example, "Why don't you do the same thing my mother does," "… like my sister does," "…like the people in that other family do," because a comment like that is a very damaging and hurtful insult to her. Instead he must speak in a way that is suggestive and not confrontational; "Let's try to do it this way because it is likely to be easier than the way you're doing it now."

Chapter 4 - Lesson 3

Words that are not soft-spoken are oppressive.

The Hagahot Maimoniyot elaborates on the source of the expression "soft-spoken words" as being in Gemara Babba Metziah (59a) that "A man must always be careful about the oppression of his

לֵאמֹר - שֶׁאוֹנָאָה אֵינָהּ רַק עַל יְדֵי דִבּוּרִים שֶׁתָּכְנָם פּוֹגֵעַ בָּאִשָּׁה, אֶלָּא גַּם עַל יְדֵי אֹפֶן הַדִּבּוּר - הַצּוּרָה שֶׁבָּהּ הַבַּעַל אוֹמֵר לָהּ אֶת הַדְּבָרִים. יֵשׁ שֶׁאוֹתָם הַדְּבָרִים הַנֶּאֱמָרִים בְּנַחַת וּבְחִיּוּךְ אֵינָם פּוֹגְעִים. וְכֵן כָּל אֹפֶן שֶׁל הִתְנַהֲגוּת שֶׁפּוֹגֵעַ בָּאִשָּׁה הוּא בְּגֶדֶר אוֹנָאַת דְּבָרִים.

הָרַמְבַּ"ם מַמְשִׁיךְ: "וְלֹא יִהְיֶה עָצֵב וְלֹא יִהְיֶה רַגְזָן". צָרִיךְ לְהָבִין אֶת דְּבָרָיו, הֲרֵי כְּבָר אָמַר לִפְנֵי כֵן שֶׁדִּבּוּרוֹ יִהְיֶה בְּנַחַת, וְאִם כֵּן כְּבָר מוֹצִיא מֵהַכְּלָל דִּבּוּר בְּרֹגֶז. בְּרַם נְדַיֵּק בִּדְבָרָיו: לֹא אָמַר "רוֹגֵז", אֶלָּא "רַגְזָן", כְּלוֹמַר, שֶׁאֵינוֹ רוֹגֵז עַל אִשְׁתּוֹ, אֶלָּא מִתְרַתֵּחַ עַל אֲנָשִׁים אֲחֵרִים לִפְנֵי אִשְׁתּוֹ. הָאֲוִירָה שֶׁל רַגְזָנוּת הִיא מְצַעֶרֶת אֶת אִשְׁתּוֹ, וְהִיא הַפּוֹכָה שֶׁל הָאֲוִירָה הַנְּעִימָה וְהַנִּנּוֹחָה שֶׁצְּרִיכָה לִשְׁרוֹת תָּמִיד בַּבַּיִת.

וְכֵן הַפֵּרוּשׁ שֶׁל "וְלֹא יִהְיֶה עָצֵב" - אֵין הַכַּוָּנָה שֶׁלֹּא יִתְעַצֵּב עַל אִשְׁתּוֹ וְעִנְיְנֵי הַבַּיִת, אֶלָּא יֶתֶר עַל כֵּן, שֶׁלֹּא יָבוֹא הַבַּיְתָה בְּפָנִים עֲצוּבוֹת עַל עִנְיָנִים שֶׁמִּחוּץ לַבַּיִת, כְּגוֹן שֶׁאֵינוֹ שְׂבַע רָצוֹן מֵהַחַבְרוּתָא שֶׁלּוֹ אוֹ מֵהֶסְפֵּק הַלִּמּוּדִים בְּיוֹם זֶה, אוֹ מִפְּנֵי שֶׁמַּאן דְּהוּא הִרְגִּיזוֹ בַּעֲסָקָיו, כִּי פָּנָיו הָעֲצוּבוֹת מְצַעֲרוֹת אֶת אִשְׁתּוֹ, וְהִיא עֲלוּלָה לְיַחֵס זֹאת לְעַצְמָהּ, שֶׁאֵינוֹ שָׂמֵחַ לָבוֹא הַבַּיְתָה לִפְגִשָׁהּ שׁוּב, וְשֶׁאֵינוֹ מַרְגִּישׁ בְּנוֹחַ בְּבֵיתוֹ, וַהֲרֵי אִשְׁתּוֹ - זוֹ בֵּיתוֹ - טוֹרַחַת לְהָכִין לוֹ בַּיִת שֶׁבּוֹ יַרְגִּישׁ טוֹב וְנָעִים. "סֵבֶר פָּנִים יָפוֹת" הוּא הַהֶפֶךְ שֶׁל "לֹא יִהְיֶה עָצֵב", אוֹתָהּ מַעֲלָה אָנוּ צְרִיכִים לִקְנוֹת.

wife," meaning - "oppression" does not refer only to words whose content hurts his wife, but it also includes the manner in which he speaks to her, his tone of voice in conversation and the words he uses to express himself to her. At times those very same words when expressed calmly and soft-spoken with a smile do not hurt. So too conduct by the husband which hurts his wife is included in the category of "oppressive words."

The Rambam continues, **"He should not be irritable or angry."** One must understand what the Rambam means by that since he already said the husband's speech must be soft-spoken which excludes speaking angrily. Let us examine the Rambam's words. The Rambam did not say "with anger," rather, he said "Do not be an angry person," meaning, he is not addressing the issue of being angry with his wife, rather, it means that this husband displays anger at other people in front of his wife. An atmosphere of anger pains his wife even though it is not directed at her, which is the very opposite of an atmosphere of pleasantness and tranquility that must always reside in the home.

Similarly explaining the meaning of "He should not be irritable," the Rambam's intent was not merely that he should not be upset at his wife or the running of the household, rather even more than that, it means he should not come into his home sad faced, upset and irritated by problems that are going on outside and unrelated to the house. For example, he is not happy with his learning partner, or with the amount of learning he managed to cover in that day's session, or somebody upset him in his business – because a sad face on a husband will pain his wife and she is likely to blame herself for his dissatisfaction and think that he is not happy to return home and see her again, and that he does not feel comfortable in his own home because of her. Yet his wife who is his "home" worked hard to prepare for him a home where he would feel good and pleased. "Greeting people with a pleasant attitude" is the opposite of "Do not be sad faced." The trait of a pleasant face is the trait that we must acquire for ourselves.

———— ℘ ————

מאמר ד.

סֵבֶר פָּנִים יָפוֹת

"שַׁמַּאי אוֹמֵר... וֶהֱוֵי מְקַבֵּל כָּל אָדָם בְּסֵבֶר פָּנִים יָפוֹת" [אָבוֹת א', ט"ו]. (פֵּרֵשׁ רַבֵּנוּ יוֹנָה: "שֶׁיַּרְאֶה לָהֶם פָּנִים שֶׁל שִׂמְחָה, כְּדֵי שֶׁתְּהֵא רוּחַ הַבְּרִיּוֹת נוֹחָה הֵימֶנּוּ"). אָמַר מו"ר הגה"צ רא"א דֶּסְלֶר זצ"ל: הָיִינוּ מְצַפִּים שֶׁמַּאֲמָר זֶה יֵאָמֵר מִפִּי הִלֵּל, שֶׁאָמַר "הֱוֵי אוֹהֵב שָׁלוֹם וְרוֹדֵף שָׁלוֹם", וְלֹא מִפִּי שַׁמַּאי, שֶׁמִּידָּתוֹ הִיא מִדַּת הַדִּין. אֶלָּא לוֹמְדִים מִכָּאן שֶׁדַּוְקָא מִדַּת הַדִּין מְחַיֶּבֶת אֶת 'סֵבֶר פָּנִים יָפוֹת'. זֶה מַה שֶּׁאֲנִי חַיָּב לָתֵת לְכָל אֶחָד, כִּי זֶה מַגִּיעַ לוֹ. עַל יְדֵי סֵבֶר פָּנִים חֲמוּרוֹת וַעֲצוּבוֹת אֲנִי עָלוּל לְצַעֵר בְּנֵי אָדָם.[16]

נֶאֱמַר בְּאָרְחוֹת חַיִּים לָרֹא"שׁ [סִימָן נ"ז]: "אַל יִהְיוּ פָּנֶיךָ זוֹעֲמוֹת נֶגֶד עוֹבְרִים וְשָׁבִים, וְקַבֵּל אוֹתָם בְּפָנִים מְאִירִים". לֹא רַק אֶת אֵלֶּה הַבָּאִים לְבֵיתִי אֲנִי צָרִיךְ לְקַבֵּל בְּסֵבֶר פָּנִים יָפוֹת, אֶלָּא גַּם בְּלֶכְתִּי בָּרְחוֹב אֲנִי צָרִיךְ לָשִׂים לֵב שֶׁפָּנַי יִהְיוּ מְאִירִים, כְּדֵי שֶׁלֹּא לְצַעֵר אֶת הָעוֹבְרִים וְשָׁבִים!

וְהַדְּבָרִים קַל וָחֹמֶר, וַדַּאי שֶׁאָסוּר לְהַרְאוֹת פָּנִים עֲצוּבוֹת בְּתוֹךְ הַבַּיִת, כְּדִבְרֵי הָרַמְבַּ"ם, אֶלָּא אָנוּ צְרִיכִים לְהִשְׁתַּדֵּל לְהַרְאוֹת תָּמִיד סֵבֶר פָּנִים יָפוֹת וּמְאִירוֹת, בִּפְרָט בְּשָׁנָה

16. נֶאֱמַר בְּסֵפֶר יְרֵאִים (עַמּוּד הַיִּרְאָה סִימָן נ"א): "וּכְשֵׁם שֶׁיֵּשׁ אוֹנָאָה בִּדְבָרִים, יֵשׁ אוֹנָאָה בְּעַיִן רָע, שֶׁמַּרְאֶה פָּנִים רָעִים, שֶׁמָּסוּר לַלֵּב".

Chapter 4 - Lesson 4

A pleasant attitude.

"Shammai says...greet every person with a pleasant attitude" (Pirkei Avot 1:15) (Rabbeinu Yonah explains this to mean "Show them a happy face so that person will be uplifted and will feel good because of your pleasantness"). My master and teacher, the Gaon Tzadik Rabbi Eliyahu Eliezer Dessler *ZT"L* said – We would have thought that this teaching should have come from the mouth of Hillel – who in fact said "Be a person who loves peace and pursues peace" – and not from the mouth of Shammai whose approach to life's framework is 'strict law.' Rather, from the fact that it is Shammai's teaching we learn that 'strict law' specifically demands that a person presents to the world (meaning, to always show on his face and in his attitude) 'a pleasant demeanor,' as if "This is what I owe to everyone since they are entitled to it." But if my attitude was strict and sad, then in all likelihood I would be a pain to other people.[16]

It is written in Sefer Orchot Chayim authored by the Rosh (section #57) "You should not display an angry face towards passers-by, and instead greet everyone with a face that is shining and upbeat." I must greet pleasantly not only those people who come to my house, but even while I am walking in the street I have to pay attention that the expression on my face is pleasant in order not to cause pain to passers-by who see me as they come and go.

That being so, then by a simple logical deduction it is absolutely forbidden to display a sad and distraught face inside the home, as the Rambam says, rather we must constantly work to display a pleasant

---

16. It is said in Sefer Yere'im (in the section "The Pillar of Fear of Heaven," paragraph #51) "Just as there is oppression in the choice of words, there is oppression by an Evil Eye when displaying a sour face, an evil face that is dictated by the heart."

רִאשׁוֹנָה כַּאֲשֶׁר יֵשׁ חִיּוּב מְיֻחָד שֶׁל "וְשִׂמַּח אֶת אִשְׁתּוֹ". לָמַדְנוּ לְעֵיל בְּמִכְתָּבוֹ שֶׁל מָרָן הַחֲזוֹ"א זַצַ"ל שֶׁטֶּבַע הָאִשָּׁה לְהִתְעַנֵּג עַל חִנָּהּ בְּעֵינָיו, וְאֵלָיו עֵינֶיהָ נְשׂוּאוֹת - הִיא מִסְתַּכֶּלֶת עַל הַבָּעַת פָּנָיו, וּמְצַפָּה לְפָנִים מְאִירוֹת שֶׁלּוֹ.

עַל הַמִּשְׁנָה הַזּוֹ שֶׁל אָבוֹת נֶאֱמַר בְּאָבוֹת דְּרַבִּי נָתָן [סוֹף פֶּרֶק י"ג]: "וֶהֱוֵי מְקַבֵּל כָּל אָדָם בְּסֵבֶר פָּנִים יָפוֹת. כֵּיצַד? מְלַמֵּד שֶׁאִם נָתַן אָדָם לַחֲבֵרוֹ כָּל מַתָּנוֹת טוֹבוֹת שֶׁבָּעוֹלָם, וּפָנָיו כְּבוּשִׁים בָּאָרֶץ, מַעֲלֶה עָלָיו הַכָּתוּב כְּאִלּוּ לֹא נָתַן לוֹ כְלוּם. אֲבָל הַמְקַבֵּל חֲבֵרוֹ בְּסֵפֶר פָּנִים יָפוֹת, אֲפִלּוּ לֹא נָתַן לוֹ כְּלוּם, מַעֲלֶה עָלָיו הַכָּתוּב כְּאִלּוּ נָתַן לוֹ כָּל מַתָּנוֹת טוֹבוֹת שֶׁבָּעוֹלָם".

וְכָל כָּךְ לָמָּה? כִּי עִם סֵבֶר פָּנִים הַיָּפוֹת נוֹתֵן אָדָם לַחֲבֵרוֹ אֶת לִבּוֹ, וְלָזֶה זָקוּק חֲבֵרוֹ - לִתְשׂוּמַת לֵב. הַמַּתָּנָה הִיא רַק בִּטּוּי לְשִׂימַת לֵב, שֶׁחָשַׁבְתִּי עַל חֲבֵרִי לְמָה הוּא זָקוּק, וּמָה יָכוֹל לְשַׂמְּחוֹ. אֲבָל בְּלִי סֵבֶר פָּנִים יָפוֹת מְרוֹקָנִים אֶת הַמַּתָּנָה מִתָּכְנָהּ וִיעוּדָהּ - "כְּאִלּוּ לֹא נָתַן לוֹ כְּלוּם". מֵאִידָךְ גִּיסָא, סֵבֶר פָּנִים יָפוֹת הִיא הַמַּתָּנָה הַגְּדוֹלָה בְּיוֹתֵר שֶׁאֶפְשָׁר לְהַעֲנִיק לַזּוּלַת - "כְּאִלּוּ נָתַן לוֹ כָּל מַתָּנוֹת טוֹבוֹת שֶׁבָּעוֹלָם", כִּי נוֹתְנִים לוֹ אֶת לִבּוֹ.

רַזַ"ל דָּרְשׁוּ עַל הַפָּסוּק [בְּרֵאשִׁית מ"ט, י"ב] "וּלְבֶן שִׁנַּיִם מֵחָלָב" - "טוֹב הַמַּלְבִּין שִׁנַּיִם לַחֲבֵרוֹ יוֹתֵר מִמַּשְׁקֵהוּ חָלָב" [כְּתֻבּוֹת קי"א ע"ב] לֵאמֹר, הַחִיּוּךְ הַמְעוֹדֵד כֹּחוֹ גָּדוֹל יוֹתֵר מִסַּעַד חָמְרִי.

דְּבָרִים אֵלֶּה אֲמוּרִים בְּיֶתֶר תֹּקֶף לְגַבֵּי הַהִתְיַחֲסוּת אֶל הָאִשָּׁה.

demeanor that is upbeat and shining, particularly in the first year of marriage when there is a specific requirement on the husband "to make his wife happy." We learned above in the letter written by our master the Gaon Chazon Ish *ZT"L* that it is in the nature of a woman to take pleasure in the admiration her husband has for her, and her eyes look up to him. She watches the expression on his face and looks forward to his face brightening-up when he sees her.

The Avot De'Rebbe Natan at the end of the 13th chapter comments on the Mishnah in Pirkei Avot "Greet every person with a pleasant attitude." How does one do this? We learn from this that if a person gives his friend all of the wonderful gifts of the world and the giver's face is downcast, the text considers it as though he did not give him anything. But someone who greets his friend with a pleasant attitude, even if he gave him nothing, the text considers it as though he gave his friend all of the good gifts in the world.

Why is "pleasantness" so very important that it is equated to giving your friend all of the good gifts in the world? Because with a pleasant attitude a person gives his friend his heart, and that is what his friend needs – someone to pay attention to him. This gift, a pleasant attitude is an expression of paying attention and caring, that I thought about my friend and what he needs, and what I can do to make him happy. In the absence of a pleasant attitude any gift is empty and without any value, and it is "as though he did not give him anything." But on the other hand, a pleasant attitude is the greatest gift one can give to someone, "as though he gave him all of the gifts of the world" because he is giving him his heart.

Chazal (in Gemara Ketubot 111b) lectured on the pasuk (in Beresheet 49:12) "White teeth from milk," to mean – One who shows his friend a smile is better than one who gives him milk to drink" – meaning, an encouraging smile is more powerful than any physical support.

These words apply much more emphatically to a husband's relationship with his wife. A warm heartfelt smile and a good word is required from us at all times. If you might ask – "Isn't it normal

חִיּוּךְ לְבָבִי וּמִלָּה טוֹבָה הֵם הַנִּדְרָשִׁים מֵאִתָּנוּ בְּכָל עֵת. וְאִם תֹּאמַר, הֲרֵי אָדָם נָתוּן לְמַצְּבֵי רוּחַ, וְגַם יֵשׁ לִפְעָמִים סִבּוֹת מֻצְדָּקוֹת לְעִצָּבוֹן, אִם גַּשְׁמִיּוֹת וְאִם רוּחָנִיּוֹת, וְאֵיךְ אֶפְשָׁר לְצַוּוֹת לְאָדָם - אַף פַּעַם תִּהְיֶה עָצֵב בְּבֵיתְךָ. הַתְּשׁוּבָה הִיא -שֶׁבְּכָל מַצָּב אָנוּ צְרִיכִים לְהִשְׁתַּדֵּל לְמַלֵּא אֶת חוֹבָתֵנוּ בֵּין אָדָם לַחֲבֵרוֹ וּבֵין בַּעַל לְאִשְׁתּוֹ.

הגרי״י בְּלַזֶר זַצ״ל מֵבִיא בְּסֵפֶר אוֹר יִשְׂרָאֵל מֵרַבּוֹ הגרי״ס זַצ״ל שֶׁבְּעֶרֶב יוֹם כִּפּוּר בְּשָׁעָה שֶׁהָלְכוּ לְבֵית הַכְּנֶסֶת לִתְפִלַּת כָּל נִדְרֵי, פָּנָה בִּשְׁאֵלָה לְמַכָּרוֹ, וְהוּא לֹא עָנָה לוֹ מֵרֹב חֶרְדַּת הַדִּין וְיִרְאַת קְדֻשַּׁת הַיּוֹם. אָמַר הגרי״ס: ״לָמָּה אֲנִי צָרִיךְ לִסְבֹּל מֵחֶרְדַּת הַדִּין שֶׁלּוֹ?״ הגרי״ס בָּא לְלַמְּדֵנוּ שֶׁאָדָם צָרִיךְ לְקַיֵּם יַחַד עִם הַחוֹבוֹת בֵּין אָדָם לַמָּקוֹם גַּם אֶת חוֹבוֹתָיו בֵּין אָדָם לַחֲבֵרוֹ. גַּם בְּעֶרֶב יוֹם הַכִּפּוּרִים צָרִיךְ לְקַיֵּם אֶת הַצִּוּוּי ״הֱוֵי מְקַבֵּל כָּל אָדָם בְּסֵבֶר פָּנִים יָפוֹת״. וְאֵין זֶה סוֹתֵר לְאֵימַת הַדִּין, כִּי זֶה וְגַם זֶה חֲלָקִים מֵעֲבוֹדַת ה׳ יִתְבָּרַךְ.

נֶאֱמַר בְּחוֹבוֹת הַלְּבָבוֹת עַל הַפָּרוּשׁ [שַׁעַר הַפְּרִישׁוּת פֶּרֶק ד׳]: ״צָהֳלָתוֹ עַל פָּנָיו, וְאֶבְלוֹ בְּלִבּוֹ״. אֶבְלוֹ הוּא עַל שֶׁלְּפִי דַּעְתּוֹ הוּא עֲדַיִן מְקַצֵּר בַּעֲבוֹדַת ה׳ יִתְבָּרַךְ, אֶת אֶבְלוֹ הוּא שׁוֹמֵר בְּלִבּוֹ. אוּלָם עַל פָּנָיו - צָהֳלָה, לְשַׂמֵּחַ אֶת הַסּוֹבְבִים אוֹתוֹ. וְאֵין סְתִירָה בֵּין זֶה לָזֶה, כִּי שְׁנֵיהֶם נִכְנָסִים לַמַּעְגָּל שֶׁל עֲבוֹדַת ה׳ יִתְבָּרַךְ.

מְשִׂימָה קָשָׁה זוֹ אֶפְשָׁר לְהוֹצִיא לַפֹּעַל עַל יְדֵי הַכְּלָל ״כִּי הַתְּנוּעָה הַחִיצוֹנָה מְעוֹרֶרֶת הַפְּנִימִית״ [עַיֵּן מְסִלַּת יְשָׁרִים פֶּרֶק

for someone to have mood swings and at times there are justifiable reasons for sadness or irritability, either because of material reasons or because of spiritual reasons? How is it possible to command someone to never be sad in his home?" The answer is – In every situation we have to try our hardest to fulfill our obligations between man and his friend, husband and wife, meaning, although it is hard we still have to treat it as our obligation and try our best because it affects the other person.

The Gaon Rabbi Yitzchak Blazer *ZT"L* relates an insight in the sefer Ohr Yisrael authored by his rebbe, Rabbi Yisrael Salanter *ZT"L,* that on the eve of Yom Kippur as they were going to the Beit Kenesset to begin the Kol Nidrei service he turned to his acquaintance to ask him a question, but his friend did not answer him because of his great fear of the pending judgment and fearful of the sanctity of the day. Rabbi Salanter said – "Why do I have to suffer from his fear of judgment?" Rabbi Salanter was teaching us that in addition to his obligations to Hashem, a person must fulfill his obligations to his fellow man. Even on the night of Yom Kippur a person must fulfill the commandment to "Greet everyone with a pleasant facial expression." That does not contradict being fearful of the judgment of Hashem because both of these are integral to our service to Hashem Yitbarach.

The sefer Chovot HaLeVavot (in the Gateway to Separation, the fourth chapter) describes someone who has separated himself from mundane matters as "His shine is on his face, while his mourning is hidden in his heart." He is mournful in his heart because he feels that he is still deficient in his service to Hashem, but he displays joy on his face to make the people around him happy. There is no contradiction here because they are both part of a person's service to Hashem Yitbarach.

This difficult task can be achieved by applying the rule (see Mesilat Yesharim chapter 7, chapter 23) "Because an outward appearance has an effect and awakens the inside." If in order to do kindness to his wife the husband tries to come into his house with a pleasant

ז׳, פֶּרֶק כ״ג]. אִם לְמַעַן עֲשִׂיַּת חֶסֶד עִם אִשְׁתּוֹ מִשְׁתַּדֵּל הַבַּעַל לְהוֹפִיעַ בַּבַּיִת בְּסֵבֶר פָּנִים יָפוֹת, אַף עַל פִּי שֶׁאֵין לוֹ מַצַּב רוּחַ לְכָךְ, תַּשְׁפִּיעַ הַהִשְׁתַּדְּלוּת הַחִיצוֹנִית בְּמְגַמָּה שֶׁל עֲשִׂיַּת חֶסֶד עַל פְּנִימִיּוּתוֹ, וְתַעֲלֶה וּתְחַזֵּק אֶת מַצַּב רוּחוֹ. וַהֲרֵי כַּמַּיִם פָּנִים אֶל פָּנִים - סֵבֶר פָּנִים הַיָּפוֹת שֶׁלּוֹ יְעוֹרֵר אֵצֶל אִשְׁתּוֹ פָּנִים מְאִירוֹת, וּמִזֶּה תִּהְיֶה הַשְׁפָּעַת גּוֹמְלִין עָלָיו.

סוֹף דָּבָר: מֻטָּל עַל הַבַּעַל לִדְאֹג לְמַצְּבֵי הָרוּחַ שֶׁל אִשְׁתּוֹ (כַּמְּבֹאָר לְעֵיל, וְעַיֵּן בְּפֶרֶק ב׳ סִימָן ו׳). זוֹ אַחַת הַמְּשִׂימוֹת הַכְּלוּלָה בְּחִיּוּב ״שְׁאֵר״ - לִדְאֹג לְכָל הַצְּרָכִים, גַּם הַנַּפְשִׁיִּים, שֶׁל אִשְׁתּוֹ. לָכֵן אוֹמֵר הָרַמְבַּ״ם ״וְלֹא יִהְיֶה עָצֵב״, כְּדֵי שֶׁלֹּא לִפְגֹּעַ בְּמַצַּב רוּחָהּ. וְכָךְ מְסַיֵּם מָרָן הַחֲזוֹ״א אֶת מִכְתָּבוֹ: ״וּבְדִבְרֵי חִזּוּק לְשַׂמֵּחַ לֵב״. סֵבֶר פָּנִים מְאִירוֹת הוּא עִקָּר הַגּוֹרֵם ״לְשַׂמֵּחַ לֵב״.

מאמר ה.

נוֹשֵׂא בְּעֹל עִם חֲבֵרוֹ

״טוֹב לַגֶּבֶר כִּי יִשָּׂא עֹל בִּנְעוּרָיו״ [אֵיכָה ג׳, כ״ז]. בְּאֶחָד מִפֵּרוּשֵׁיהֶם לַפָּסוּק אָמְרוּ רַזַ״ל: זֶה עֹל אִשָּׁה [אֵיכָה רַבָּה ג׳, ט׳]. לוֹמְדִים אָנוּ מִכָּאן ״טוֹב לַגֶּבֶר״ - שֶׁזֶּה טוֹב עֲבוּר הָאָדָם לָשֵׂאת בְּעֹל זֶה. מַהוּ הַטּוֹב בָּזֶה? שֶׁמִּתְלַמֵּד וּמִתְרַגֵּל מִנְּעוּרָיו בַּמִּדָּה הַחֲשׁוּבָה שֶׁל נְשִׂיאַת עֹל עִם חֲבֵרוֹ. בָּזֶה הוּא עַצְמוֹ נַעֲשֶׂה טוֹב.

facial expression even though he really doesn't feel that way, that effort to control his external appearance for the sake of doing kindness will have an effect on his internal feelings and will elevate and strengthen his mood and spirit. We know that – (Mishle 27:19) "Like a reflection in the water is one face to the other" - a pleasant facial expression will cause his wife to have a pleasant demeanor which will have a corresponding effect on him.

In conclusion, it is the responsibility of the husband to worry and be concerned about the mood of his wife (as we explained above in the second chapter, sixth lesson). This is one of the responsibilities of a husband which is included in what the Torah calls "She'er," for a husband to take care of all of his wife's needs, including her emotional needs. This is why the Rambam says "He should not be sad," in order not to adversely affect his wife's emotional state. This is how the Chazon Ish ends his letter "With words of encouragement that gladden her heart." A pleasant facial expression is the main spark that will gladden the heart.

Chapter 4 - Lesson 5

Sharing with your friend his life's burdens.

(Eicha 3:27) "It is good for a man to carry a yoke while he is in his youth." In one of their explanations of this pasuk Chazal said "This is the yoke of a woman" (Eicha Rabba 3:9). From here we learn "It is good for a man" – that it is good for a man to carry this yoke. What is good about it?! He becomes trained and accustomed from the time he is young in the important character trait of helping his friend carry his life's burdens, because in so doing he becomes "good."

נַסְבִּיר בְּקִצָּרָה מִדָּה זוֹ, כִּי הִיא חֲשׁוּבָה בְּיוֹתֵר בַּהִתְיַחֲסוּת אֶל אִשְׁתּוֹ, וְיוֹצֶרֶת אֶת הַתַּשְׁתִּית הַנְּכוֹנָה לְבִנְיַן הַבַּיִת. הֵבֵאנוּ לְעֵיל [פֶּרֶק ב׳ סִימָן ב׳] אֶת דִּבְרֵי רַזַ״ל: ״אֶת הֶעָנִי עִמָּךְ - הֱוֵי מִסְתַּכֵּל בְּעַצְמְךָ כְּאִלּוּ אַתָּה עָנִי״. מַעֲלָה זוֹ בָּאָה לִידֵי שְׁלֵמוּתָהּ עַל יְדֵי מִדַּת ״נוֹשֵׂא בְּעֹל עִם חֲבֵרוֹ״. בִּנְיַן אָב לְמִדָּה זוֹ הִיא הַפָּרָשָׁה [שְׁמוֹת ב׳, י״א]: ״וַיְהִי בַּיָּמִים הָהֵם וַיִּגְדַּל מֹשֶׁה וַיֵּצֵא אֶל אֶחָיו וַיַּרְא בְּסִבְלֹתָם״ וְכוּ׳. וּפֵרֵשׁ רַשִׁ״י: ״וַיַּרְא בְּסִבְלֹתָם - נָתַן עֵינָיו וְלִבּוֹ לִהְיוֹת מֵצֵר עֲלֵיהֶם״. מֹשֶׁה עָלָה לִגְדֻלָּה בְּבֵית פַּרְעֹה וְנִתְמַנָּה לְשַׂר [עַיֵּן שָׁם רַשִׁ״י], אוּלָם הוּא יָצָא מֵהָאַרְמוֹן כְּדֵי לְהִשְׁתַּתֵּף בְּפֹעַל בְּצַעֲרָם שֶׁל יִשְׂרָאֵל [עַיֵּן שָׁם בִּשְׁמוֹת רַבָּה]. לֹא כָּתוּב ״וַיַּרְא אֶת סִבְלוֹתָם״, אֶלָּא ״בְּסִבְלֹתָם״, מִזֶּה לוֹמֵד רַשִׁ״י שֶׁהִכְנִיס אֶת עֵינָיו וְלִבּוֹ בְּסִבְלָם שֶׁל יִשְׂרָאֵל. דָּבָר רִאשׁוֹן - ״נָתַן אֶת עֵינָיו״. בְּדֶרֶךְ כְּלָל אָדָם עָסוּק עִם עַצְמוֹ, וּבְכָל מַה שֶּׁרוֹאֶה הוּא מַבְחִין רַק בַּמֶּה שֶּׁנּוֹגֵעַ לְעַצְמוֹ. הַצַּעַד הָרִאשׁוֹן שֶׁל מִדַּת נוֹשֵׂא בְּעֹל עִם חֲבֵרוֹ הוּא לְהִשְׁתַּחְרֵר מֵהַמִּבְצָר שֶׁל הָ״אָנֹכִי״ שֶׁהָאָדָם שָׁבוּי בּוֹ, וְלִמְסֹר אֶת עֵינָיו לַחֲבֵרוֹ לִרְאוֹת אוֹתוֹ כְּפִי שֶׁהוּא רוֹאֶה אֶת עַצְמוֹ. הַצַּעַד הַשֵּׁנִי - לָתֵת אֶת לִבּוֹ, לְהַרְגִּישׁ אִתּוֹ כְּפִי שֶׁמַּרְגִּישׁ אֶת עַצְמוֹ.

חִיּוּב זֶה בְּוַדַּאי נֶאֱמַר כְּלַפֵּי אִשְׁתּוֹ, שֶׁהִיא כְּגוּפוֹ, וְהַיַּחַס אֵלֶיהָ צָרִיךְ לִהְיוֹת כְּיַחַס יַד יָמִין לְיַד שְׂמֹאל, כְּדִבְרֵי מָרָן הַחֲזוֹ״א. אוּלָם אֵין זֶה דָּבָר שֶׁבָּא מֵעַצְמוֹ עִם הַנִּשּׂוּאִין, אֶלָּא צָרִיךְ לַעֲבֹד עַל כָּךְ, וּלְהִשְׁתַּדֵּל לִקְנוֹת אֶת הַמַּעֲלָה שֶׁל נוֹשֵׂא בְּעֹל עִם אִשְׁתּוֹ.

We will briefly explain this character trait since it is very important in the way a husband relates to his wife and creates the proper foundation for building a home. We explained earlier in this essay (in the second chapter, second lesson) the words of Chazal "The poor living among you" as – "Look at yourself as though you yourself were poor." The perfection of this lofty trait to put oneself in someone else's position is reached by the character trait of "sharing his friend's burdens together with him." The source for this teaching is the Torah's description of (Shemot 2:11) – "It was in those days of Egyptian slavery that Moshe rose up and went out to his brothers and saw their oppressive slavery." Rashi explains this to mean – "He saw into their oppressive slavery" – He paid attention to them and gave them his heart to be pained by their suffering. Moshe rose to greatness in Pharaoh's palace and was promoted to the position of a minister (please study the Rashi there). Nevertheless he left the palace in order to literally join with the Jewish people in their pain (please see the Midrash Shemot Rabbah). The pasuk does not say "He saw their oppression," rather, it says "He saw into their oppression" meaning, he shared it with them. Rashi learns from this that Moshe put his heart and soul into participating with Israel in their intense oppressions. First – "He put his eyes." In a routine sense a man is preoccupied with himself, and in everything he sees he chooses only those things that pertain to him. The first step in acquiring the character trait of "sharing with your friend his life's burdens" is to disassociate yourself from yourself, from the "Me" or "I" that a person nowadays is totally immersed in, and to look at this friend to see him as though he was looking at himself. The second step is to put his heart into feeling his friend's suffering as if it were his own suffering.

This obligation is certainly said relative to his own wife who is like his own body, that his relationship to her must be the same as the relationship between his right hand and his left hand, as the Gaon Chazon Ish said. However, this doesn't happen by itself just because they are married to each other, rather, they must work at

רֵאשִׁית, צָרִיךְ לָתֵת לָהּ אֶת הָעֵינַיִם, כְּלוֹמַר לִרְאוֹת אֶת כָּל מַה שֶּׁהִיא עוֹשָׂה וְטוֹרַחַת בַּבַּיִת לְמַעֲנוֹ עִם הַהַעֲרָכָה הַנְּכוֹנָה [כְּמַאֲמַר אֵלִיָּהוּ בִּיְבָמוֹת כ"ס ע"א הַמּוּבָא לְעֵיל]. וְשֵׁנִית, צָרִיךְ לִרְאוֹת אֶת הַדְּבָרִים בְּמַבָּט שֶׁלָּהּ - אֵיזוֹ חֲשִׁיבוּת הִיא נוֹתֶנֶת לָהֶם [כַּמְבֹאָר לְעֵיל בְּפֶרֶק א' ס"ג], וּשְׁלִישִׁית, צָרִיךְ לָתֵת לָהּ אֶת לִבּוֹ - לְהִשְׁתַּדֵּל לְהַרְגִּישׁ אֶת מַה שֶּׁהִיא מַרְגִּישָׁה.

נוֹשֵׂא בְּעֹל אֵינוֹ מִתְבַּטֵּא רַק בָּזֶה שֶׁמַּרְגִּישִׁים אֶת הַזּוּלַת, אֶלָּא עַד כַּמָּה שֶׁ"רוֹאִים" אוֹתוֹ בְּאֹפֶן נָכוֹן, וּמַרְגִּישִׁים אֶת הַרְגָּשׁוֹתָיו - מִשְׁתַּדְּלִים לְהָקֵל מִמֶּנּוּ אֶת עֻלּוֹ, עַל יְדֵי שֶׁבָּאִים לְעֶזְרָתוֹ וּמַשְׁפִּיעִים עָלָיו חֶסֶד בַּצּוּרָה הַנְּכוֹנָה (בִּשְׁמוֹת רַבָּה מוּבָא שֶׁמֹּשֶׁה הָלַךְ וְיִשֵּׁר לָהֶם אֶת הַמַּשָּׂא, וְעָזַר לָהֶם לָשֵׂאת אוֹתוֹ, וְעָשָׂה כְּאִלּוּ עוֹזֵר בָּזֶה לְפַרְעֹה. וְכֵן נֶאֱמַר בַּתּוֹרָה שֶׁהִצִּיל אֶת הָאִישׁ הָעִבְרִי מִיַּד הַמִּצְרִי).

הָאִשָּׁה מְצַפָּה מִבַּעְלָהּ שֶׁרֵאשִׁית יַרְגִּישׁ אִתָּהּ יַחַד אֶת הָעֹל הָרוֹבֵץ עָלֶיהָ - עֲבוֹדוֹת הַבַּיִת וְגִדּוּל הַבָּנִים. וַהֲרֵי עַל פִּי רֹב רוֹבֵץ עָלֶיהָ עֹל כָּפוּל, כִּי הִיא יוֹצֵאת מֵהַבַּיִת כְּדֵי לָתֵת אֶת חֶלְקָהּ בַּפַּרְנָסָה. וּפְעָמִים הִיא אַף מְצַפָּה מִמֶּנּוּ שֶׁיָּבוֹא לְעֶזְרָתָהּ בִּזְמַנֵּי לַחַץ, כְּגוֹן בְּעַרְבֵי שַׁבָּתוֹת וְיָמִים טוֹבִים.

לָאִשָּׁה קָשֶׁה יוֹתֵר לָשֵׂאת אֶת עֹל הַבַּיִת, כְּשֶׁהִיא רוֹאָה שֶׁבַּעְלָהּ עוֹזֵב אוֹתָהּ לְנַפְשָׁהּ, וַעֲבוֹדוֹת הַבַּיִת וְכָל מַעֲשֶׂיהָ אֵינָם מְעַנְיְנִים אוֹתוֹ כְּלָל, כְּאִלּוּ הֵם שַׁיָּכִים רַק לִתְחוּמָהּ הַבִּלְעָדִי. בְּאֹפֶן זֶה הַמַּשָּׂא מַכְבִּיד עָלֶיהָ בְּיוֹתֵר, וְיֵשׁ שֶׁהִיא רוֹבֶצֶת תַּחַת מַשָּׂאָהּ חַס וְשָׁלוֹם. מֵאִידַךְ גִּיסָא, עֶצֶם הַהִתְעַנְיְנוּת לְבַד מִצַּד

it, and he must exert effort to acquire the good trait of sharing his wife's burdens.

First – The husband must see her with the proper appreciation, meaning, to see her in the right perspective that everything she does and works in the house is for him (as Eliyahu HaNavi said, quoted in Gemara Yevamot 63a, referenced above). Second – The husband must look at things from his wife's viewpoint, how much importance she assigns to them, as explained above in the third lesson of the first chapter). Third – He must give her his heart – to work on himself to feel what she feels.

Carrying your friend's burdens together with him is expressed not only by feeling for the other person but is also dependent on how much you "see" him in a correct perspective and feel his feelings, and exert effort to lighten his life's load by being proactive and going to him to help him, and you extend yourself to do Chessed for him properly on his terms. (It is brought down in the Midrash Shemot Rabbah that Moshe went to be with his brothers and straightened their load, and helped them carry it, and pretended that in so doing he was helping Pharaoh. It also says in the Torah that he saved the Jewish man from being killed by the Egyptian).

The wife yearns first that her husband will feel together with her the burdens that rest on her, the management of the needs of the family and the house and raising their children. Many times the load on her doubles as she also goes out of the house in order to work to earn money for the family. There are times she also expects her husband to come and help her when the times are very pressured, like the times of Erev Shabbat and Erev Yom Tov.

It becomes even harder for a woman to carry the burdens of the family when she sees her husband is uncaring and leaves her to do it all by herself, and the needs of the house and everything she does are of no concern to him at all as though all of that is exclusively her problem to deal with. When this happens the load on her becomes even more unbearable and at times she is crushed under that load, G-d forbid. On the other hand, even just an expression of his

הַבַּעַל כְּבָר מְקִלָּה מֵעָלֶיהָ, וְעֶצֶם הַהַצָּעָה שֶׁלּוֹ לָבוֹא לְעֶזְרָתָהּ כְּבָר נוֹתֶנֶת לָהּ סִפּוּק וְחִזּוּק, וּפְעָמִים רַבּוֹת הִיא מְוַתֶּרֶת עַל עֶזְרָתוֹ בְּפֹעַל.

בִּימֵי אֶבְלוֹ שֶׁל מָרָן הגרי"י קַנְיֶבְסְקִי זַצַ"ל סִפֵּר שֶׁקָּרָה כַּאֲשֶׁר אִשְׁתּוֹ ע"ה הָלְכָה לִישֹׁן מֵרֹב עֲיֵפוּתָהּ מִבְּלִי לִשְׁטֹף אֶת הַכֵּלִים, הוּא בָּא מְאֻחָר בַּלַּיְלָה אֶל הַמִּטְבָּח וְשָׁטַף אֶת הַכֵּלִים, כִּי יָדַע שֶׁאִשְׁתּוֹ תִּשְׂמַח בַּבֹּקֶר לִמְצֹא מִטְבָּח נָקִי וּמְסֻדָּר. עוֹד סִפֵּר כְּשֶׁבָּא לְפָנָיו אַבְרֵךְ מַתְמִיד גָּדוֹל כְּדֵי לִשְׁאֹל עַל סִדְרֵי הַלִּמּוּד, שָׁאַל אוֹתוֹ מָרָן זַצַ"ל, הַאִם הוּא עוֹזֵר לִפְעָמִים לְאִשְׁתּוֹ בִּשְׁעַת הַצֹּרֶךְ.

לִנְשִׂיאַת עֹל שַׁיָּךְ גַּם הַחוֹב לְהַרְגִּישׁ אֶת הַצְּרָכִים הַנַּפְשִׁיִּים שֶׁל אִשְׁתּוֹ, שֶׁכְּבָר דִּבַּר עָלָיו לְעֵיל. הֵבֵאנוּ לְעֵיל [פֶּרֶק ב' סִימָן ג'] מִבְּרֵאשִׁית רַבָּה שֶׁהָאִשָּׁה הִיא יַצְאָנִית. הַדָּבָר מִתְבַּטֵּא בָּזֶה שֶׁיֵּשׁ לָהּ צֹרֶךְ נַפְשִׁי לָצֵאת מֵהַבַּיִת וּלְבַקֵּר אֵצֶל קְרוֹבִים וִידִידִים, כִּי בְּטִבְעָהּ הִיא מֻפְנֵית הַחוּצָה, כַּמְבֹאָר לְעֵיל. עַל כֵּן צָרִיךְ לָתֵת לָהּ אֶת הָאֶפְשָׁרוּת לְכָךְ מִזְּמַן לִזְמַן, גַּם כַּאֲשֶׁר לְעִתִּים זֶה מַכְבִּיד עַל הַבַּעַל, כִּי מְחַיֵּב אוֹתוֹ לִהְיוֹת בַּבַּיִת לִשְׁמֹר עַל הַיְלָדִים וְכוּ'. וְאִם כֵּן צָרִיךְ לְשַׁנּוֹת בְּשָׁעוֹת אֵלֶּה אֶת סִדְרֵי הַלִּמּוּד שֶׁלּוֹ.

יֵשׁ שֶׁהָאִשָּׁה מְבַקֶּשֶׁת מִבַּעְלָהּ לְלַוּוֹתָהּ לְבִקּוּרִים אֵצֶל קְרוֹבִים אוֹ יְדִידִים. צָרִיךְ לְהִתְחַשֵּׁב בְּבַקָּשָׁה זוֹ וְלִמְצֹא אֶת הַפְּשָׁרָה בֵּין הַקְּצָווֹת, בֵּין רִבּוּי בִּקּוּרִים לְבֵין חֹסֶר מַגָּע עִם קְרוֹבִים וִידִידִים. הַבַּעַל צָרִיךְ לִהְיוֹת מוּדָע כִּי הַקֶּשֶׁר הָרִגְשִׁי שֶׁל

sincere interest will lighten her burden, and a simple suggestion to help her will encourage her and give her satisfaction, and many times she will decline his actual help simply because of his interest and willingness to help her.

During the period of time when the Steipler Gaon Maran Rabbi Yaakov Yisrael Kanievsky *ZT"L* was in mourning for his wife a story was told that happened when his wife *A"H* was exhausted and she went to sleep without washing the dishes. He came home late that night and went into the kitchen and washed the dishes because he knew that the next morning his wife would be happy when she found the kitchen was clean and neat. A story was also told about a young man who visited the rabbi to ask him a question about the order in which he should be learning. This student was exceptionally diligent in his learning. Maran *ZT"L* answered him by asking him if he helps his wife on those occasions when she needs help.

To successfully carry some of her burden the husband must feel the emotional needs of his wife, as we spoke about this earlier in this essay. We cited above (in the second chapter, third lesson) the Midrash Beresheet Rabbah that women have an innate desire to go out, and this desire manifests itself in a strong emotional need to get out of the house and visit her relatives and friends, since by nature she is outward-looking, as we explained above. Therefore, her husband must give her that opportunity from time to time to go out with her friends even if on occasion it is hard for him since he is now compelled to remain at home to watch the children and because of that he must adapt his schedule of learning to accommodate his wife and the needs of his family.

Occasionally a wife will ask her husband to go with her to visit relatives or friends. He must take her requests into consideration and find a suitable compromise between two extremes, her needs and his needs, between extensive visits and not going at all to visit relatives and friends. The husband must acknowledge the emotional attachment of his wife to the family of her parents (parents, sisters,

הָאִשָּׁה עִם בֵּית הוֹרֶיהָ, בִּפְרָט בַּתְּקוּפָה הָרִאשׁוֹנָה, עֲדַיִן חָזָק
מְאֹד, וְהִיא מְבַקֶּשֶׁת לְהִתְאָרֵחַ אֶצְלָם לְעִתִּים תְּכוּפוֹת. אִם הֵם
גָּרִים בְּקִרְבַת מָקוֹם הִיא עֲלוּלָה לְבַקֵּר אֶצְלָם יוֹם יוֹם, אוֹ
לְנַהֵל עִמָּם שִׂיחוֹת טֶלֶפוֹן אֲרֻכּוֹת. הַבַּעַל מַרְגִּישׁ אֶת עַצְמוֹ
נִפְגָּע, עַל שֶׁעֲדַיִן אֵינָהּ מוֹצֵאת אֶת עִקַּר מְקוֹמָהּ בְּבֵיתָהּ, וְעַל
כֵּן מַשְׁמִיעַ בִּקֹּרֶת עַל כָּךְ, אוֹ רוֹצֶה לְצַמְצֵם אֶת הַקְּשָׁרִים
הַהֲדוּקִים הָאֵלֶּה. יִתְאַזֵּר נָא הַבַּעַל בְּסַבְלָנוּת, כִּי לְהַעֲבָרַת
קְשָׁרִים רִגְשִׁיִּים דָּרוּשׁ זְמַן. הַבַּעַל יָכוֹל לַעֲזֹר לְאִשְׁתּוֹ בָּזֶה,
עַל יְדֵי "רִבּוּי שִׂיחָה וְרָצוּי" שֶׁיְּאַפְשֵׁר לָהּ יוֹתֵר לִפְתֹּחַ וְלִשְׁפֹּךְ
אֶת לִבּוֹ לְפָנָיו, וְיָבוֹאוּ מַהֵר יוֹתֵר אֶל מַצָּב הַהִתְאַחֲדוּת
שֶׁעָלָיו אָמַר הַגְּרָ"א הַמּוּבָא לְעֵיל [מִשְׁלֵי ט' ו'] "שֶׁתְּהֵא קְשׁוּרָה
בְּבַעֲלָהּ יוֹתֵר מֵאֶל אָבִיהָ וְאִמָּהּ".

מוּבָא בְּאוֹתוֹ מִדְרָשׁ שֶׁהָאִשָּׁה הִיא "צַיְתָנִית" - הִיא רוֹצָה
לִהְיוֹת מְעֻדְכֶּנֶת בְּכָל מַה שֶּׁקּוֹרֶה סְבִיבָהּ וּבַחוּג שֶׁלָּהּ, לָכֵן
הַבַּעַל צָרִיךְ לְסַפֵּר לָהּ עַל הַקּוֹרֶה בְּחוּגָם. יֵשׁ דְּבָרִים שֶׁבְּעֵינָיו
אֵינָם חֲשׁוּבִים, אֲבָל בִּשְׁבִילָהּ חָשׁוּב לָדַעַת אוֹתָם. וּכְכָל
שֶׁהִיא מְעֻדְכֶּנֶת יוֹתֵר בְּכָל הַקּוֹרֶה בַּקְּהִלָּה שֶׁלָּהֶם, פּוֹחֵת
אֶצְלָהּ הַדַּחַף לָצֵאת מִן הַבַּיִת וְלִשְׁמֹעַ חֲדָשׁוֹת מִפִּי אֲחֵרִים.

⸻ ৪৩ ⸻

brothers, etc., etc.). Particularly during the initial period of their marriage that connection is very strong and she wants to visit with them frequently. If they live close by she will visit them frequently, often daily, or spend very much time on the phone talking to them. The husband will emotionally feel himself being shut out of her life and that he still has not found his place as being central to her life, and so he will voice his displeasure to her, or he will want to limit those connections and her strong ties to them. Please, Chatan, reach deeper into your maturity and patience because the re-directing of her emotional ties demands time. The husband can help his wife by increasing the level of his conversation with her and making her feel more wanted, while giving her the opportunity to open up to him the feelings and emotions of her heart. This patience on the part of the husband and his willingness to open a dialog with her and listen to her heartfelt feelings will strengthen the bonding of their relationship. In this regard earlier in this essay we quoted the Gra commenting on (Mishle 9:6) "She should be connected to her husband more than to her father and mother."

It is also brought down in that same Midrash that women "want to be informed" - she wants to be 'in the know' about everything going on around her in her circle of friends. Therefore her husband must tell her all of the things that are going on in their circle, and included among them are things that are important to his wife but are unimportant to him. The more she is kept informed about the events in their community, the more her compulsion diminishes to go out of the house and hear news from others.

———— ℘ ————

פֶּרֶק חֲמִישִׁי

מאמר א.

וְהוּא יִמְשָׁל בָּךְ

"לִהְיוֹת כָּל אִישׁ שׂוֹרֵר בְּבֵיתוֹ" [אֶסְתֵּר א', כ"ב] - זֶהוּ הַמַּצָּב הַתָּקִין, שֶׁגַּם הָאִשָּׁה רוֹצָה בּוֹ. הָאִשָּׁה רוֹצָה שֶׁעִנְיְנֵי הַבַּיִת יִתְנַהֲלוּ עַל פִּיו שֶׁל בַּעַל הַבַּיִת. הֲרֵי כְּבָר דִּבַּרְנוּ לְעֵיל עַל כָּךְ, שֶׁמִּטִּבְעָהּ וּשְׁאִיפָתָהּ שֶׁל הָאִשָּׁה לִהְיוֹת עֵזֶר כְּנֶגְדּוֹ וְלַעֲשׂוֹת רְצוֹן בַּעְלָהּ. הַבַּעַל צָרִיךְ לָתֵת תְּשׁוּבוֹת בְּרוּרוֹת, גַּם כְּשֶׁהָאִשָּׁה פּוֹנָה אֵלָיו בְּעִנְיָנִים חָמְרִיִּים: אֵיךְ לְסַדֵּר אֶת הַבַּיִת, מָה לְבַשֵּׁל (אַף עַל פִּי שֶׁדְּבָרִים אֵלֶּה אוּלַי אֵינָם מְעַנְיְנִים אוֹתוֹ), הַאִם לָלֶכֶת עִם הַיְלָדִים לְקֻפַּת חוֹלִים וּלְאֵיזֶה רוֹפֵא וְכוּ'. וְאַל יַחְשֹׁב הַבַּעַל שֶׁעוֹשֶׂה טוֹבָה לְאִשְׁתּוֹ כְּשֶׁנּוֹתֵן לָהּ יָד חָפְשִׁית, וְאוֹמֵר לָהּ שֶׁתַּעֲשֶׂה כְּפִי הֲבָנָתָהּ וּרְצוֹנָהּ, הֲרֵי הָאִשָּׁה רוֹצָה לִרְאוֹתוֹ כְּבַעַל הַבַּיִת.

מִכָּל שֶׁכֵּן בְּעִנְיָנִים רוּחָנִיִּים הוּא צָרִיךְ לִהְיוֹת הַמְכַוֵּן וְהַפּוֹסֵק, הַנּוֹתֵן לְאִשְׁתּוֹ כִּוּוּן בָּרוּר וּתְשׁוּבוֹת בְּרוּרוֹת. יִתָּכֵן שֶׁבִּתְקוּפַת בָּחוּר יְשִׁיבָה לֹא תָּמִיד הָיָה לוֹ פְּנַאי לְבָרֵר הֲלָכָה עַד הַמַּסְקָנָה הַמַּעֲשִׂית, וְנִשְׁאַר בְּסָפֵק, וְעַל כֵּן הָלַךְ לְחוּמְרָא. אֲבָל בְּבֵיתוֹ אֵינוֹ יָכוֹל לְהַשְׁאִיר אֶת אִשְׁתּוֹ בְּסָפֵק לְגַבֵּי בֵּרוּר

Chapter 5 - Lesson 1

"...and he will rule over you." (Beresheet 3:16)

(Quoting from the Megilat Esther 1:22) "In order that every man will rule and be the final authority in his house." This is the proper framework for the family, and that is also what the wife wants. The wife wants all of the matters of the household to be directed to the father as the decision-maker of the family. We already addressed this earlier in this essay, that it is part of the nature and desire of the wife to be a helpmate standing next to him and doing what he wants. The husband must give clear answers even when his wife turns to him in practical matters – how to organize the household, what to cook (even though those things might not be important to him), whether to take the children to the health clinic, and to which doctor, or some other similar question. The husband should not think he is doing a favor for his wife when he gives her a free hand to make her own decisions, and he tells her "Do whatever you think is best." [Don't say that to her!] She wants to see **him** as the decision maker of the family.

So much even more so in the context of spirituality the husband must be the one to give direction to the entire family and be the final authority giving his wife clear direction and unambiguous answers. It is likely that as a young man in yeshiva he did not always have the time or the opportunity to learn a topic to its halachic conclusion and is uncertain how to resolve it, and so he adopted the stringent opinion. But in his home when a question comes up he may not leave his wife uncertain and unsure of the practical application of the halacha - and tell her that because we are unsure of what to do we should behave strictly in this matter. [Don't say that to her!] This doesn't mean that he is required to know the halachic conclusion

הֲלָכָה, וְלוֹמַר לָהּ שֶׁמֵּחֲמַת סָפֵק נִתְנַהֵג לְחוּמְרָא. לֹא דָּרוּשׁ מִמֶּנּוּ שֶׁיֵּדַע הֲלָכָה בְּרוּרָה בְּכָל חֶלְקֵי הַשֻּׁלְחָן עָרוּךְ, אַךְ כַּאֲשֶׁר מִתְעוֹרֶרֶת שְׁאֵלָה - הוּא יְבָרֵר אוֹתָהּ מִתּוֹךְ הַמְּקוֹרוֹת, אוֹ יֵלֵךְ לִשְׁאֹל מוֹרֵה הוֹרָאָה, וְיָבִיא לְאִשְׁתּוֹ פְּסָק בָּרוּר. בִּכְלָל עַל הָאַבְרֵךְ לָדַעַת שֶׁהוּא צָרִיךְ לְהַקְדִּישׁ זְמַן לִלְמוֹד הֲלָכוֹת, בְּיִחוּד לְאֵלֶּה הַנּוֹגְעוֹת לַבַּיִת (בְּחֶלְקָן אִשְׁתּוֹ לָמְדָה אוֹתָן בְּמִסְגֶּרֶת לִמּוּדֶיהָ בַּסֶּמִינָר). עָלָיו לָדַעַת גַּם קְצָת הִלְכוֹת יוֹרֶה דֵּעָה, כְּדֵי שֶׁלְּפָחוֹת יֵדַע מָתַי צָרִיךְ לִשְׁאֹל שְׁאֵלַת חָכָם.

יֵשׁ אֲנָשִׁים שֶׁמִּטִּבְעָם נִשְׁאָרִים תָּמִיד בְּסָפֵק, וּמִשּׁוּם כָּךְ הֵם מְחַפְּשִׂים אֶת הַחוּמְרוֹת. הִתְנַהֲגוּת זוֹ אֵין מְקוֹמָהּ בַּבַּיִת. פֹּה הַבַּעַל צָרִיךְ לִהְיוֹת הָרַב הַפּוֹסֵק פְּסָקִים בְּרוּרִים. גַּם אֵין לְהַחְמִיר לַאֲחֵרִים, וְלֹא עַל חֶשְׁבּוֹן אֲחֵרִים, בְּמָקוֹם שֶׁאֵין הֶכְרֵחַ עַל פִּי הֲלָכָה. גַּם עַל הִדּוּרִים אָמַר הגרי"ס זַצַ"ל: "אָסוּר לְהַדֵּר עַל חֶשְׁבּוֹן הַזּוּלַת". כְּלָל זֶה נוֹהֵג בְּוַדַּאי כְּלַפֵּי אִשְׁתּוֹ. עַל כָּל פָּנִים, חוּמְרוֹת וְהִדּוּרִים דּוֹרְשִׁים שִׁקּוּל דַּעַת נָכוֹן.

אָנוּ רוֹאִים שֶׁגַּם נָשִׁים בַּעֲלוֹת עֶמְדָּה חֲשׁוּבָה מֵחֲמַת מִקְצוֹעָן, כְּגוֹן מוֹרוֹת בְּכִירוֹת אוֹ מְנַהֲלוֹת בָּתֵּי סֵפֶר, רוֹצוֹת שֶׁבְּבֵיתָן יִהְיֶה הַבַּעַל מַנְהִיג אֶת הַבַּיִת, וְהֵן רוֹצוֹת לִהְיוֹת נָשִׁים כְּשֵׁרוֹת הָעוֹשׂוֹת רְצוֹן בַּעֲלֵיהֶן. כָּאָמוּר, זֶה טָבוּעַ בְּטֶבַע הָאִשָּׁה. הָבָה נִתֵּן לָהּ אֶת הָאֶפְשָׁרוּת לְכָךְ.

of every law in all four sections of Shulchan Aruch, but when a question of law does occur the husband must research it and resolve it directly from the sources, or he should go and ask a posek and present to his wife a clear and unambiguous answer to the question. In general the Avreich must know that he must dedicate time to learn laws, particularly those laws that relate to family life (his wife has already learned some of them in the course of her studies in seminary). He must also be somewhat familiar with some of the laws of the Shulchan Aruch Yoreh De'Ah so that at the very least he knows when to bring his question to a Talmid Chacham to decide.

There are some men whose nature is to remain in a state of uncertainty and because of that they always look for stringencies. That behavior has no place in the home. In the home the husband must be the Rav, the final authority who decides matters with clear, rational decisions. Moreover, he may not consistently render a strict judgment to others at the expense of others at a time when it is not necessary according to the halacha. Also, the Gaon Rabbi Yisrael Salanter said regarding beautifying and enhancing a mitzvah that "It is forbidden to enhance the mitzvot at the expense of others." This rule certainly applies to a man's wife. In any event halachic stringencies and enhancements should always be weighed correctly.

We see that even women who possess an important standing because of their profession - for example, she is a senior teacher or the principle of a girl's yeshiva - also want their husbands to take charge of the conduct of their home, and they want to be "kosher" wives who do the will of their husbands. As we have said, this is embedded in the nature of a woman, and the husband must give her the ability to do this.

מאמר ב.

נִהוּל הַכְּסָפִים

אֶת אֹפֶן נִהוּל הַכְּסָפִים אִי אֶפְשָׁר לִקְבֹּעַ בְּמַסְמְרוֹת. הָאַחֲרָיוּת לְפַרְנָסַת הַבַּיִת מֻטֶּלֶת עַל הַבַּעַל. הָאִשָּׁה מִשְׁתַּתֶּפֶת כְּפִי יְכָלְתָּהּ לַעֲזֹר וְלִתְרֹם לְכַלְכָּלַת הַבַּיִת. אֲבָל יֵשׁ מַצָּב שֶׁחָסֵר בְּקֻפַּת הַבַּיִת, כְּגוֹן שֶׁמַּשְׂכֹּרֶת הָאִשָּׁה מְאַחֶרֶת לָבוֹא, אוֹ הַכֶּסֶף מֵהַכּוֹלֵל הִתְעַכֵּב מִסְפַּר חֳדָשִׁים, אוֹ יֵשׁ הוֹצָאוֹת מְיֻחָדוֹת בִּלְתִּי צְפוּיוֹת, וְצָרִיךְ לִדְאֹג לְהַלְוָאָה כְּדֵי לְגַשֵּׁר עַל פְּנֵי הַמְּצוּקָה הַכַּסְפִּית. מוּבָן שֶׁהַשָּׂגַת הַהַלְוָאָה הוּא תַּפְקִיד הַבַּעַל. הַבַּעַל חַיָּב לִדְאֹג שֶׁלָּאִשָּׁה יִהְיֶה הַתַּקְצִיב לְהוֹצְאוֹת הַבַּיִת מוּכָן תָּמִיד.

לֹא מִן הָרָאוּי הוּא שֶׁבְּכָל הוֹצָאָה הָאִשָּׁה תְּהֵא תְּלוּיָה בְּבַעְלָהּ, דְּהַיְנוּ שֶׁתְּהֵא צְרִיכָה לְבַקֵּשׁ מִמֶּנּוּ כֶּסֶף (גַּם אִם תָּמִיד יִתֵּן לָהּ אֶת מְבֻקָּשָׁהּ), כִּי זֶה מַשְׁפִּיל. אֶלָּא יִדְאַג הַבַּעַל שֶׁתָּמִיד יִהְיֶה לָהּ כְּדֵי צָרְכָּהּ לַהוֹצָאוֹת הַשּׁוֹטְפוֹת. כַּמּוּבָן, הוֹצָאוֹת גְּדוֹלוֹת יֵעָשׂוּ בְּהִתְיַעֲצוּת הֲדָדִית. הַבַּעַל צָרִיךְ לְהַכִּיר בִּנְחִיצוּת צָרְכֵי הָאִשָּׁה. לִפְעָמִים יֵשׁ לָהּ רָצוֹן לִקְנוֹת חֵפֶץ לְקִשּׁוּט הַבַּיִת אוֹ הוֹצָאָה אִישִׁית שֶׁאֵין הַבַּעַל מֵבִין אֶת דְּחִיפוּתָן וְצָרְכָּן. אֲבָל כֵּיוָן שֶׁהוֹצָאָה זוֹ חֲשׁוּבָה לָאִשָּׁה, יַסְכִּים אִתָּהּ. עִנְיָן זֶה שַׁיָּךְ לַהֲבָנַת טִבְעָהּ שֶׁל הָאִשָּׁה, שֶׁדִּבַּרְנוּ עָלֶיהָ לְעֵיל בְּהַרְחָבָה. עַל כָּל פָּנִים, אַל יֵרָאֶה קַטְנוּנִיּוּת וְקַמְּצָנוּת בַּדִּיּוּנִים עַל הַהוֹצָאוֹת.

Chapter 5 - Lesson 2

Management of the household budget.

It is not possible to give hard and fast rules regarding the money management of the household's needs. The responsibility of financially supporting the family rests on the husband. A wife can participate in the support of the household in proportion to her ability. However there can be situations when the household is low on funds, for example, the working wife's salary is delayed, or the husband's Kollel stipend is late and unpaid for several months, or there are sudden unexpected unique expenses and a loan has to be arranged to carry them over their financial difficulty. It is to be clearly understood that obtaining a loan is strictly the responsibility of the husband. The husband is responsible to make sure that his wife will always have enough money ready on hand to pay for all of the household's routine expenses.

It is inappropriate that for each household expense the wife should be dependent on the willingness of her husband, meaning, that she should have to go to him and ask him for that money - even if he always gives her the money she asks for - since that is degrading. Instead, the husband should always be concerned and make sure that his wife will always have enough money to pay for all of the household's recurring expenses, and that common sense dictates they should consult with each other when the expense is significant. The husband must recognize the importance of the needs of his wife. On occasion she has a desire to buy an item to enhance the appearance of their home, or a personal expense, and the husband cannot understand its importance or need. But because the item is important to her he should agree to her request. To understand this scenario a husband must understand the nature of his wife, as we spoke about this at length earlier in this essay. In any event the husband should not be petty or stingy when discussing the expenses of the household's needs.

יֵשׁ שֶׁהָאִשָּׁה בְּקִיאָה בְּעִנְיְנֵי נִהוּל כְּסָפִים, וְאֶפְשָׁר לְהַנִּיחַ לָהּ אֶת נִהוּלָם וְחֶשְׁבּוֹן הַבַּנְק וְכַדּוֹמֶה. וְיֵשׁ שֶׁאֵינָהּ בְּקִיאָה בָּהֶם, אוֹ אֵינָהּ מֻכְשֶׁרֶת לְכָךְ, וְאָז דְּבָרִים אֵלֶּה מֻטָּלִים עַל הַבַּעַל. עַל כָּל פָּנִים, אִזּוּן הַתַּקְצִיב בִּזְמַנֵּי לַחַץ עַל יְדֵי הַלְוָאוֹת מֻטָּל עַל הַבַּעַל, כָּאָמוּר לְעֵיל.

מאמר ג.

הַחוֹבָה לְהַשְׁפִּיעַ רוּחָנִיּוּת

עַד נִשּׂוּאֶיהָ יָנְקָה הָאִשָּׁה רוּחָנִיּוּת מִמְּקוֹרוֹת שׁוֹנִים, מִבֵּית אָבִיהָ, שִׁעוּרִים וְחוּגִים בְּסֶמִינָר בֵּית יַעֲקֹב. כָּעֵת הִיא מְצַפָּה שֶׁבַּעְלָהּ, הַמְּכַוֵּן אֶת רוּחַ הַבַּיִת, יַעֲנִיק לָהּ אֶת הַמָּזוֹן הָרוּחָנִי. גַּם זֶה כָּלוּל בְּחִיּוּב "שְׁאֵר" - לָתֵת לָהּ אֶת כָּל צְרָכֶיהָ, גַּם הָרוּחָנִיִּים. הָאַבְרֵךְ עוֹמֵד לִפְעָמִים בְּהַסְסָנוּת מוּל חוֹבָה זוֹ. יִתָּכֵן שֶׁאִשְׁתּוֹ לָמְדָה יוֹתֵר פְּרָקִים בַּכּוּזָרִי, בָּרַמְבַּ"ן אוֹ בְּמִכְתָּב מֵאֵלִיָּהוּ, מִמַּה שֶּׁהוּא הִסְפִּיק לִלְמֹד, כִּי הֲרֵי עָסוּק הוּא רֹאשׁוֹ וְרֻבּוֹ בַּגְּמָרָא וּמְפָרְשֶׁיהָ. אַל דְּאָגָה! אִשְׁתּוֹ יוֹדַעַת זֹאת, וְאָמְרוּ וְהִדְגִּישׁוּ לָהּ מְחַנְּכֶיהָ מַהוּ בֶּן תּוֹרָה, בֶּן יְשִׁיבָה. בְּכָל זֹאת הִיא מְצַפָּה שֶׁהוּא בְּתוֹר תַּלְמִיד חָכָם יִתֵּן לָהּ אֶת הַמָּזוֹן הָרוּחָנִי שֶׁהִיא זְקוּקָה לוֹ. בִּמְעַט מַאֲמָץ וּבְרָצוֹן טוֹב לֹא יִקְשֶׁה לְאַבְרֵךְ לִבְחֹר מִתּוֹךְ סִפְרֵי הַמּוּסָר וְהַהַשְׁקָפָה אֶת הַסֵּפֶר הַמַּתְאִים לִלְמֹד עִם אִשְׁתּוֹ מִזְּמַן לִזְמַן, וּלְהִתְכּוֹנֵן

Sometimes the wife is more expert than her husband in financial matters and it is possible to leave to her the money management of the household expenses, and taking care of the bank statements and the like. Or there are instances where the wife is not expert or talented in these matters, and in those cases those matters become the responsibility of the husband. In any event, at times when there is financial pressure and additional money is required to balance the household budget, obtaining a loan is the responsibility of the husband, as we said this earlier.

Chapter 5 - Lesson 3

The obligation of a husband to influence and guide the spiritual values of his family.

Prior to her marriage the wife absorbed her spirituality from a number of different places; from her father's house, from lectures and from study groups in Beit Yaakov seminary. Now she looks to her husband to set the direction of the family in the ways of Torah and to provide her with her spiritual sustenance. All this is included within the Torah's category of "She'er" - to give her all of her needs, including her spiritual needs. On occasion the young husband is indecisive when confronted by this obligation. It is possible that his wife studied more chapters than he did in the Kuzari, in the Ramban and in the Michtav M'Eliyahu, since he is fully immersed in the study of the Gemara and its commentaries. Chatan – Do not worry about this; your wife knows that, and her teachers have said and emphasized to her what a Ben Torah is and what a Ben yeshiva is. With all of this she hopes that he will be at the level of a Talmid Chacham who will provide her with the spiritual "food" she needs. With a little effort and a good attitude it will not be difficult

לִקְרַאת לִמּוּד זֶה. חָשׁוּב לִקְבֹּעַ עִם אִשְׁתּוֹ לִמּוּד הִלְכוֹת הַטָּהֳרָה בְּאַחַד הַסְּפָרִים הַמְקֻצָּרִים, וּלְהַתְחִיל לִמּוּד זֶה מִיָּד בְּשִׁבְעַת יְמֵי הַמִּשְׁתֶּה - הֱיוֹת שֶׁאָז הֲלָכוֹת אֵלֶּה הֵן הֲלָכָה לְמַעֲשֶׂה. קִיּוּמָן בְּדִקְדּוּק מְבֻסָּס עַל אֵמוּן הֲדָדִי - בַּיֶּדַע שֶׁל הַזּוּלַת, לָכֵן כְּדַאי לַעֲבֹר עֲלֵיהֶן בְּצַוְתָּא.

הַבַּעַל גַּם צָרִיךְ לְהָכִין אֶת עַצְמוֹ שֶׁיּוּכַל לוֹמַר בְּשֻׁלְחַן שַׁבָּת וּבְהִזְדַּמְּנֻיּוֹת שׁוֹנוֹת דִּבְרֵי תּוֹרָה הַמַּתְאִימִים לִבְנֵי הַבַּיִת. הגר"ש ווֹלְבֶּה שְׁלִיטָ"א כּוֹתֵב בְּקֻנְטְרֵס "מַאַמְרֵי הַדְרָכָה לַחֲתָנִים" בְּשֵׁם הגה"צ ר' דָּנִיֵּאל מִקֶּלֶם זַצַ"ל עַל דִּבְרֵי אָרְחוֹת חַיִּים לָרֹא"שׁ [סִימָן מ"ד]: "קְבַע עִתִּים לַתּוֹרָה קֹדֶם אֲכִילָה וּשְׁכִיבָה, וְדִבַּרְתָּ בָּם עַל שֻׁלְחָנְךָ. וְהִזְהַרְתָּ בְּאַנְשֵׁי בֵיתְךָ לְהַדְרִיכָם עַל פִּי הַתּוֹרָה בְּכָל הַדְּבָרִים הַצְּרִיכִים אַזְהָרָה לִשְׁמֹר פִּיהֶם מִלְּהִתְחַלֵּל. כִּי תְּחִלַּת דִּינוֹ שֶׁל הָאָדָם - קָבַעְתָּ עִתִּים לַתּוֹרָה". דִּבְרֵי הָרֹא"שׁ צְרִיכִים בֵּאוּר. כִּי הוּא מַתְחִיל בְּחִיּוּב קְבִיעַת עִתִּים לַתּוֹרָה, וּמְסַיֵּם בְּחִיּוּב זֶה, וּבָאֶמְצָע הוּא מְדַבֵּר לִכְאוֹרָה עַל נוֹשֵׂא אַחֵר - לְהַזְהִיר וּלְהַדְרִיךְ אַנְשֵׁי הַבַּיִת עַל פִּי הַתּוֹרָה. הַבֵּאוּר הוּא - כְּשֶׁאַתָּה קוֹבֵעַ עִתִּים לַתּוֹרָה לְיַד הַשֻּׁלְחָן, הֲרֵי גַּם אַנְשֵׁי בֵיתְךָ נוֹכְחִים, לָכֵן תְּלַמֵּד דְּבָרִים כָּאֵלֶּה הַשַּׁיָּכִים גַּם לָהֶם - לְהַזְהִירָם וּלְהַדְרִיכָם בָּעִנְיָנִים הַשַּׁיָּכִים לָהֶם.

זֶהוּ בִּשְׁבִילֵנוּ בִּנְיַן אָב - לָתֵת לָאִשָּׁה בְּכָל הִזְדַּמְּנוּת אֶת הַמָּזוֹן הָרוּחָנִי שֶׁהִיא זְקוּקָה לוֹ. כְּבָר קָרוּ מִקְרִים שֶׁהַבַּעַל הַמַּתְמִיד הֶחֱזִיק בְּכָל הָאֲרוּחוֹת סֵפֶר בְּיָדוֹ, וְלֹא נָתַן דַּעְתּוֹ

for this Avreich to select a sefer of Mussar or Hashkafah which is suitable to learn together with his wife from time to time – and for him to prepare in advance for this learning session with his wife. It is important to establish a set, specific time to learn with his wife the laws of family purity from one of the abridged sefarim, and to begin that learning session immediately during the Seven Days of Wedding Celebration as then at that time the laws of family purity are especially relevant. Fulfilling these laws in all of their detail is based on mutual trust and each other's knowledge, therefore it is appropriate for them to review these laws together.

The husband must also prepare himself in advance so that at the Shabbat table and on other occasions he will be able to say words of Torah that are appropriate to the family. The Gaon Rabbi Shlomo Wolbe, Shlitah, writes in his Kuntres entitled "An essay guiding Chatanim" quoting the Gaon Tzadik Rabbi Daniel from Kelm *ZT"L* commenting on the Orchot Chayim authored by the Rosh (section #44) "Establish fixed scheduled times to learn Torah before eating and before reclining, and speak those words at your table. And be careful with the people in your family to guide them in the ways of Torah in all things that require cautioning, to guard the words that come out of their mouths not to become debased, because the opening question of a soul's trial is (Gemara Shabbat 31a) 'Did you set aside fixed scheduled times to learn Torah'?" These words of the Rosh need to be explained, as he begins his statement with the obligation to learn Torah and concludes with this same obligation to learn Torah, and in the middle part of his statement he seems to be addressing an entirely different topic, to caution and to guide his family in the ways of Torah. The explanation is as follows - When a person fixes a specific time to learn Torah while sitting at his table, the people in his family are present and so he should learn things that are also relevant to them, to caution them and guide them in those topics that are relevant to them.

The all-inclusive rule for us to internalize is - to give one's wife the spiritual sustenance which she needs from him. In the past there have been instances where the intensely-diligent-learning-husband

עַל הָאִשָּׁה הַיּוֹשֶׁבֶת מִמּוּלוֹ. עִם כָּל רְצוֹן הָאִשָּׁה שֶׁבַּעְלָהּ יִהְיֶה מַתְמִיד, בְּוַדַּאי הַנְהָגָה זוֹ פּוֹגַעַת בָּהּ.

מאמר ד.

רְגִישׁוּת לְאוֹנָאָה שֶׁנִּגְרְמָה מִצַּד הַבַּעַל

עִם כָּל רְצוֹן הָאִשָּׁה שֶׁהַבַּעַל יִמְשֹׁל בְּבֵיתוֹ, עֲלוּלָה לִפְעָמִים לְהִתְעוֹרֵר אֶצְלָהּ הַרְגָּשָׁה שֶׁהַבַּעַל מְנַצֵּל אֶת מַעֲמָדוֹ. זֶה דּוֹרֵשׁ כֶּפֶל זְהִירוּת מִצַּד הַבַּעַל. כָּךְ אֶפְשָׁר לְהָבִין אֶת הַנֶּאֱמָר בְּמַסֶּכֶת כַּלָּה [רֵישׁ פ"ה]: "הֱוֵי עָלוּב לְכָל אָדָם וְעִם נְשֵׁי בֵּיתְךָ יוֹתֵר מִכֻּלָּם" - כְּדֵי שֶׁלֹּא לְעוֹרֵר אֶצְלָם הַרְגָּשָׁה שֶׁהוּא רוֹצֶה לְהִתְנַהֵג בְּשַׁלְטָנוּת.

נֶאֱמַר בְּחֻלִּין [פ"ד ע"ב]: "לְעוֹלָם יֹאכַל אָדָם וְיִשְׁתֶּה פָּחוֹת מִמַּה שֶּׁיֵּשׁ לוֹ, וְיִלְבַּשׁ וְיִתְכַּסֶּה בְּמַה שֶּׁיֵּשׁ לוֹ, וִיכַבֵּד אִשְׁתּוֹ וּבָנָיו יוֹתֵר מִמַּה שֶּׁיֵּשׁ לוֹ (רַשִׁ"י: "וְיִלְבַּשׁ וְיִתְכַּסֶּה לְפִי הַיְכֹלֶת שֶׁלֹּא יִתְבַּיֵּשׁ, וִיכַבֵּד אִשְׁתּוֹ יוֹתֵר מִלְּפִי הַיְכֹלֶת"), שֶׁהֵן תְּלוּיִין בּוֹ, וְהוּא תָּלוּי בְּמִי שֶׁאָמַר וְהָיָה הָעוֹלָם". וְצָרִיךְ לְהָבִין, הֲרֵי כֻּלָּם תְּלוּיִים בַּקָּדוֹשׁ בָּרוּךְ הוּא. אֶלָּא הַבֵּאוּר כַּנַּ"ל, כֵּיוָן שֶׁאִשְׁתּוֹ וּבָנָיו תְּלוּיִים בּוֹ, וְהוּא הַשָּׁלִיחַ לְסַפֵּק אֶת צָרְכֵיהֶם, לָכֵן הוּא צָרִיךְ קְצָת לְהַגְזִים וְלָתֵת לָהֶם יוֹתֵר מִכְּפִי יְכָלְתּוֹ, כְּדֵי שֶׁלֹּא לְעוֹרֵר אֶצְלָם אֶת הָרֹשֶׁם שֶׁהוּא מְנַצֵּל אֶת תְּלוּתָם בּוֹ וּמְקַפֵּחַ

held a sefer in his hands during all of his meals and paid no attention to his wife sitting right next to him. Even with all of a wife's desire that her husband should be a diligent-learner, still his behavior certainly hurts her emotionally.

Chapter 5 - Lesson 4

Emotional hurt feelings of oppression that are caused by the husband.

With all of a wife's desire that her husband will be the final authority guiding the family, on occasion it is likely that the emotions of a woman will be aroused when her husband abuses his position in their relationship. The husband must be doubly on guard of his own behavior at all times not to say or do anything to provoke his wife's feelings of emotional hurt. In this context we can understand Chazal's teaching in Masechet Kallah (at the beginning of the fifth chapter) "A man should be especially on guard of himself in relation to everyone, and more than anyone else in regard to the women of the house" in order not to cause them to feel that he wants to dominate them.

Chazal teach in Gemara Chulin (84b) "A man should always eat and drink less than his means could afford, and dress and clothe himself according to his means, and honor his wife and children, meaning, to provide for all of their needs at a level more than he can afford, (Rashi: He should dress himself according to his means so that he does not embarrass himself, and provide for his wife in a manner more than he can afford) since they are dependent on him and he is dependent on the One-who-spoke-and-created-the-world." One must understand this Gemara since all of them are

אוֹתָם. (כַּמּוּבָן, הַכֹּל בְּגֶדֶר הַסְּבִיר, וְאַל יְחַפֵּשׂ הַלְוָאוֹת כְּדֵי לָתֵת לָאִשָּׁה יוֹתֵר מִמַּה שֶּׁיֵּשׁ לוֹ). עֶמְדַּת הַבַּעַל כְּשׁוֹרֵר בְּבֵיתוֹ נוֹתֶנֶת לוֹ אֶת הָאֶפְשָׁרוּת לִהְיוֹת "עָלוּב" בְּבֵיתוֹ, כִּי הֶחָזָק יָכוֹל לְוַתֵּר יוֹתֵר מֵהַחַלָּשׁ, אֲשֶׁר חוֹשֵׁשׁ לִהְיוֹת מְקֻפָּח. אָמַר לִי רֹאשׁ הַיְשִׁיבָה מָרָן הַגְּרָא"מ שַׁךְ שְׁלִיטָ"א שֶׁאוֹמֵר לַאֲבְרֵכִים לְהִשְׁתַּדֵּל לְוַתֵּר יוֹתֵר וְיוֹתֵר. כָּאָמוּר, אֵין זֶה סִימָן חֻלְשָׁה אֶלָּא לְהֶפֶךְ.

וְכָךְ מַסְבִּיר מַהֲרַ"ל אֶת אוֹמְרָם זַ"ל [בָּבָא מְצִיעָא נ"ט ע"א]: "לְעוֹלָם יְהֵא אָדָם זָהִיר בְּאוֹנָאַת אִשְׁתּוֹ, שֶׁמִּתּוֹךְ שֶׁדִּמְעָתָהּ מְצוּיָה אוֹנָאָתָהּ קְרוֹבָה". לִכְאוֹרָה מְדֻבָּר כָּאן עַל רְגִישׁוּת הָאִשָּׁה בִּכְלָלוּת. אֲבָל מַהֲרַ"ל פֵּרֵשׁ [נְתִיבוֹת עוֹלָם חֵלֶק ב' אַהֲבַת הָרֵעַ, עַמּוּד ב"ז]: "פֵּרוּשׁ שֶׁיִּהְיֶה נִזְהָר בְּאִשְׁתּוֹ דַּוְקָא, כִּי אִשְׁתּוֹ - מִפְּנֵי שֶׁהַבַּעַל מוֹשֵׁל עָלֶיהָ - דִּמְעָתָהּ מְצוּיָה בְּיוֹתֵר. כִּי אוֹנָאַת אָדָם אַחֵר אֵינוֹ מְקַבֵּל (הַיְנוּ אֵינָהּ מְקַבֶּלֶת) כָּל כָּךְ הִתְפַּעֲלוּת... אֲבָל הָאִשָּׁה שֶׁהִיא תַּחַת מֶמְשֶׁלֶת בַּעְלָהּ, וְעִם זֶה הִיא חֲשׁוּבָה בְּעַצְמָהּ, אִם יֵשׁ לָהּ אוֹנָאָה מִן בַּעְלָהּ - הִיא נִתְפַּעֶלֶת יוֹתֵר, וְלָכֵן דִּמְעָתָהּ מְצוּיָה". שְׁתֵּי שְׁאִיפוֹת מְנֻגָּדוֹת פּוֹעֲלוֹת בָּאִשָּׁה. מִצַּד אֶחָד הִיא רוֹצָה שֶׁבַּעְלָהּ יִמְשֹׁל בַּיִת, אוּלָם מִצַּד שֵׁנִי אֵינָהּ רוֹצָה לְוַתֵּר עַל חֲשִׁיבוּת עַצְמָהּ. לָכֵן הִיא עֲלוּלָה לְהִפָּגַע יוֹתֵר מִבַּעְלָהּ מֵאֲשֶׁר מִמִּשֶּׁהוּ אַחֵר. דָּבָר שֶׁלֹּא הָיִינוּ מְצַפִּים לוֹ, כִּי הֲרֵי הִיא קְרוֹבָה לוֹ כָּל כָּךְ, וְלִבָּהּ גַּס בּוֹ.

dependent on HaKadosh Baruch Hu. Rather, the explanation is as we said above, since his wife and children are dependent on him and he is the agent of Hashem who provides their needs, therefore he must do more to provide for them at a level beyond his ability in order not to provoke hurt feelings within them giving them the impression that he is abusive of their reliance on him and that he is depriving them of their needs. (Understand that everything must still be rational, and he should not go looking for loans in order to give his wife more than he has). The husband's position as being the deciding authority of the family gives him the opportunity to make himself 'lowly' in his home, since someone in a strong position is more able to make concessions than someone who is in a weak position and thinks people are taking advantage of him. The Rosh Yeshiva Maran the Gaon Rabbi Eliezer Mann Shach Shlitah told me that he tells the married men learning in Beit Midrash to work hard and exert real effort to make concessions, as that is not a sign of weakness, rather it is just the opposite.

So too the MaHaRal explains the teaching of Chazal (in Gemara Babba Metziah, 59a) "A man must always be careful not to hurt the emotional feelings of his wife because her tears are always just below the surface of her emotions and are easily provoked." Ostensibly this teaching is addressing the feelings of a woman in a general sense. However, the MaHaRal explains this to mean (in Netivot Olam, part 2, section entitled Ahavat HaRe'iyah, page 57) "To be careful specifically about the emotional wellbeing of his wife since because he is the final authority of the household and decides the conduct of the family, his wife's emotions are always easily provoked to tears." An emotionally painful remark made by someone else to her can be ignored without effect, but because a wife is under the authority of her husband, and at the same time she has her own sense of self-worth, if her husband makes a hurtful or cutting remark she is very much affected by it and she will very easily begin to cry. There are two conflicting feelings at work within a wife's emotions: On the one hand she wants her husband to be the decisive authoritative influence on the family, however, on the other

דְּבָרִים אֵלֶּה בְּוַדַּאי נֶאֶמְרוּ כְּלַפֵּי נְשׁוֹתֵינוּ, שֶׁיִּתָּכֵן שֶׁיֵּשׁ לָהֶן רֶגֶשׁ שֶׁל "חֲשׁוּבָה בְּעַצְמָהּ". הֲרֵי הִיא יוֹצֵאת לַעֲבוֹדָה וְתוֹרֶמֶת חֵלֶק גָּדוֹל לְכַלְכָּלַת הַבַּיִת, וּלְעִתִּים יֵשׁ לָהּ עֶמְדָּה חֲשׁוּבָה מִחוּץ לַבַּיִת. בְּכִגוֹן זֶה הִזְהִירוּ רַזַ"ל: **לְעוֹלָם יְהֵא אָדָם זָהִיר בְּאוֹנָאַת אִשְׁתּוֹ.**

מאמר ה.

אוֹנָאָתָהּ קְרוֹבָה

רַשִׁ"י מְפָרֵשׁ "אוֹנָאָתָהּ קְרוֹבָה": "לָבֹא פֻּרְעֲנוּת אוֹנָאָתָהּ - מְמַהֵר לָבוֹא". וְכָךְ אִיתָא בִּכְתֻבּוֹת [ס"ב ע"ב]: "... כִּי הָא דְּרַב רְחוּמֵי הֲוָה שְׁכִיחַ קָמֵיהּ דְּרָבָא בְּמְחוֹזָא. הֲוָה רָגִיל דַּהֲוָה אָתֵי לְבֵיתֵיהּ כָּל מַעֲלֵי יוֹמָא דְּכִיפּוּרֵי. יוֹמָא חַד מְשַׁכְתֵּיהּ שְׁמַעְתָּא הֲוָה מְסַכְיָא (רש"י: תַּרְגּוּם שֶׁל מְצַפָּה) דְּבֵיתְהוּ - הַשְׁתָּא אָתֵי, הַשְׁתָּא אָתֵי, לֹא אָתָא, חָלַשׁ דַּעְתָּהּ וְאַחִית דִּמְעֲתָא מֵעֵינָהּ. הֲוָה יָתִיב בְּאִיגְרָא, אַפְחִית אִיגְרָא מִתּוּתֵיהּ וְנָח נַפְשֵׁיהּ".[17]

17. תַּרְגּוּם: רַב רְחוּמֵי לָמַד אֵצֶל רָבָא בִּמְחוֹזָא. הוּא הָיָה רָגִיל לַחֲזֹר לְבֵיתוֹ

hand she does not want to give up on her own sense of self-worth. Therefore, she is much more susceptible to being emotionally hurt by her husband than by someone else. This is something we would not have anticipated, but because she is so emotionally tied to him her emotions are much more fragile in regard to him than to someone else.

These words are certainly directed to husbands to be very careful in the honor they give their wives, as a wife's emotional self-esteem must be nourished by her husband. She goes out of her home to work to earn the money to support a large segment of the family's expenses, and at times she has an important position outside of the house. In this regard Chazal have cautioned the husband – **A man must always be careful not to oppress his wife**.

——— ഇ ———

Chapter 5 - Lesson 5

Her oppression is close.

Rashi explains "Her oppression is close" as "When emotional oppression occurs punishment quickly follows." The Gemara illustrates this in Masechet Ketubot (62b) "Rav Rachumi was learning with Rava in the city of Mechuzah. He would routinely return home every Erev Yom Kippur. Once it happened that their learning session went overtime and he was late returning home. His wife was waiting longingly for him. Whenever she heard footsteps she thought "Now he has arrived, now he has come home," but he did not come. She became emotionally overwhelmed and a tear came from her eye. At that time he was sitting on a roof (meaning on a high place). The roof collapsed under him and he fell and died.

The Gemara does not say that she cried, only that a tear came from her

לֹא נֶאֱמַר שֶׁהָאִשָּׁה בָּכְתָה, אֶלָּא יָצְאָה דִּמְעָה מֵעֵינָהּ, וּבְכָל זֹאת תּוֹצְאוֹת הָאוֹנָאָה בָּאָה מִיָּד, אַף עַל פִּי שֶׁלֹּא כִּוֵּן לְצַעֲרָהּ, אֶלָּא אִחֵר לָצֵאת מֵחֲמַת שֶׁהַשִּׁעוּר נִמְשַׁךְ יוֹתֵר מֵהָרָגִיל. עֹנֶשׁ נוֹרָא וּמִיָּדִי עַל צַעַר הָאִשָּׁה! שָׁאַל הרה"ג ר' חַיִּים שְׁמוּאֶלֶבִיץ זַצ"ל - הַאִם עַל יְדֵי מִיתָתוֹ נוֹשְׁעָה הָאִשָּׁה? לוּלֵא הָעֹנֶשׁ הָיָה בַּעְלָהּ בָּא הַבַּיְתָה יוֹתֵר מְאֻחָר, וְכָךְ אִבְּדָה אֶת בַּעְלָהּ לְעוֹלָם! וּבֵאֵר: חֲזַ"ל מְלַמְּדִים אוֹתָנוּ שֶׁזֶּה חֹק רוּחָנִי - שֶׁעֹנֶשׁ אוֹנָאָה אֲפִלּוּ בְּנִסִבּוֹת אֵלֶּה, בָּא מִיָּד. כְּמוֹ שֶׁאָדָם שֶׁאֵינוֹ שׁוֹמֵר עַל חֻקֵּי הַטֶּבַע יִנָּזֵק - אִם עוֹמֵד עַל שְׂפַת הַנָּהָר וְלֹא נִזְהָר וּבָא רוּחַ וְנוֹפֵל, כָּךְ פּוֹגֵעַ בּוֹ הַחֹק הָרוּחָנִי הַזֶּה עַל אוֹנָאַת אִשְׁתּוֹ.[18] תָּמִיד הָיָה שָׁגוּר בְּפִי הגר"ח: "פְּגִיעָה בֵּין אָדָם לַחֲבֵרוֹ - זֶה אֵשׁ שֶׁשּׂוֹרֵף!"

כָּל עֶרֶב יוֹם כִּפּוּר. פַּעַם נִמְשַׁךְ הַשִּׁעוּר (וְאִחֵר לָלֶכֶת הַבַּיְתָה). אִשְׁתּוֹ הָיְתָה מְצַפָּה לוֹ (וּכְשֶׁשָּׁמְעָה צְעָדִים חָשְׁבָה) עַכְשָׁו הוּא בָּא, עַכְשָׁו הוּא בָּא, וְלֹא בָּא. חָלְשָׁה דַּעְתָּהּ, יָרְדָה דִּמְעָה מֵעֵינָהּ. הוּא יָשַׁב עַל הַגַּג (הַיְנוּ בְּקוֹמָה עֶלְיוֹנָה) נִשְׁבַּר הַגַּג מִתַּחְתָּיו וּמֵת.

18. בְּוַדַּאי יֵשׁ חֻקִּים רוּחָנִיִּים שׁוֹנִים שֶׁעֲלוּלִים לְהַפְעִיל אוֹ לִמְנֹעַ פְּעֻלַּת אֵרוּעֵי הַטֶּבַע. בְּמַעֲשֶׂה דְּרַב רְחוּמֵי הִפְעִיל הַצּוּר שֶׁתָּמִים פָּעֳלוֹ בְּיֶתֶר שְׂאֵת אֶת הַחֹק הָרוּחָנִי שֶׁל "אוֹנָאָתָהּ קְרוֹבָה" שֶׁל אִשְׁתּוֹ, וְאֵין כָּאן מָקוֹם לְהַאֲרִיךְ.

eye, and with only that disaster immediately followed even though he had no intent to hurt her emotionally, he was late only because the lecture was longer than usual. Nevertheless, a devastating punishment followed immediately because of the emotional hurt he caused his wife. The Gaon Rabbi Chayim Shmuelevitz *ZT"L* asked – Did his death save his wife from her hurt?! If not for his punishment her husband would have merely returned home late, yet now her husband was gone forever! The explanation is – Chazal are teaching us a lesson that this is an uncompromising spiritual law and that the punishment for emotional oppression even under these inadvertent circumstances is immediate, no different than anyone who violates a law of nature will be harmed. If someone is standing near the edge of a river and is not careful and a strong wind blows it will push him over into the water, so too this starkly uncompromising spiritual law will devastate him for the emotional oppression of his wife.[18] The Gaon Rabbi Chayim would often say "An offense between one person and another is a fire that burns."

---

18. There are certainly spiritual laws which if violated will vary in consequence, as some will activate or prevent the occurrence of a natural event. In this instance of Rav Rachumi, our Rock-Whose-Actions-Are-Perfect-And-Just activated the consequence of the law in great measure for violating this starkly uncompromising spiritual law in response to the "emotional oppression" experienced by the Rav's wife; but this is not the place to elaborate on the topic.

מאמר ו.

שׁוֹרֵר בְּבֵיתוֹ - מְחַיֵּב

הָעֶמְדָה שֶׁל שׁוֹרֵר בְּבֵיתוֹ מְחַיֶּבֶת הִתְנַהֲגוּת הוֹלֶמֶת. אַל יִתְבַּזֶּה בִּפְנֵי אִשְׁתּוֹ עַל יְדֵי חֻלְשׁוֹת אֹפִי, כְּגוֹן שֶׁל עַצְלוּת וְרַשְׁלָנוּת, שֶׁאֵינוֹ קָם בַּזְּמַן לִתְפִלָּה בְּצִבּוּר, אוֹ הוּא מְאַחֵר לַכּוֹלֵל, אוֹ מְבַטֵּל אֶת הַזְּמַן כַּאֲשֶׁר נִמְצָא בְּבֵיתוֹ. הָאִשָּׁה מְקַבֶּלֶת עָלֶיהָ תַּפְקִיד כָּפוּל שֶׁל עֲקֶרֶת בַּיִת וְגַם שֶׁל מְפַרְנֶסֶת, הִיא צְרִיכָה לְהִזְדָּרֵז וּלְהַשְׁכִּים קוּם לַעֲבוֹדָתָהּ, וְהִיא רוֹאָה שֶׁבַּעְלָהּ מִתְרַשֵּׁל בְּלִמּוּדָיו וּבַעֲבוֹדַת ה׳ יִתְבָּרַךְ. כְּשֻׁתֶּפֶת לְתוֹרָתוֹ, כְּדִבְרֵי הַגְּמָרָא [בְּסוֹטָה כ״א ע״א] ״מִי לֹא פַּלְגָאן בַּהֲדַיְיהוּ״, שֶׁהִיא מִתְחַלֶּקֶת עִם בַּעְלָהּ בִּזְכוּת הַתּוֹרָה כְּשֶׁהִיא עוֹזֶרֶת לוֹ לִלְמֹד, וְעַתָּה הִיא מַרְגִּישָׁה אֶת עַצְמָהּ מְרֻמָּה. גַּם אֵינָהּ יְכוֹלָה לִרְאוֹת בְּבַעְלָהּ אֶת דְּמוּת הַתַּלְמִיד חָכָם שֶׁצִּפְּתָה לוֹ. כָּל זֹאת צָרִיךְ לְחַיֵּב אֶת הַבַּעַל לְמַאֲמַצִּים שֶׁל חִזּוּק וּזְרִיזוּת וְהִתְגַּבְּרוּת עַל קַטְנוּנִיּוּת. כָּעֵת הוּא אַחֲרַאי לֹא רַק לְעַצְמוֹ, אֶלָּא גַּם לַחֵלֶק שֶׁל אִשְׁתּוֹ בְּתוֹרָתוֹ. וְכַאֲשֶׁר יַעֲזֹר ה׳ יִתְבָּרַךְ, וְיַעֲסֹק לְחַנֵּךְ אֶת הַיְלָדִים, וַדַּאי שֶׁדְּמוּת הָאָב יֵשׁ לָהּ חֵלֶק גָּדוֹל בְּהַשְׁפָּעָה עַל הַיְלָדִים. יֵשׁ לִבְנוֹת אֶת הַבַּיִת מֵהַצְּעָדִים הָרִאשׁוֹנִים כָּךְ שֶׁיִּהְיֶה בָּסִיס לְחִנּוּךְ הַדּוֹר הַבָּא לְתוֹרָה וְלַעֲבוֹדַת ה׳ יִתְבָּרַךְ. רָמַת הַדִּבּוּר צְרִיכָה לִהְיוֹת הוֹלֶמֶת בַּיִת שֶׁל בֶּן תּוֹרָה, וְצָרִיךְ לְהִתְרַחֵק מִדִּבּוּרִים זוֹלִים

Chapter 5 - Lesson 6

The position of head-of-family comes with responsibility.

The position as head-of-household demands appropriate conduct. The husband must not make a mockery of himself in front of his wife because of his weak personality. For example, he is lazy, or careless, or negligent, or he consistently does not get up in time to pray with a minyan, or he is routinely late arriving in Kollel, or he wastes his time doing nothing useful when he is at home. At that point the wife's job becomes doubly hard; she is the anchor of the house and she is simultaneously the supporter of the house. She has to be conscientious and wake up early to rush to do her work, and she sees her husband is lazy in his learning and in his service to Hashem Yitbarach. She is a partner sharing in his Torah, as the Gemara says (in Sotah 21a) "Don't they divide evenly with us?!" She evenly divides with her husband the merit of his Torah learning when she helps him to learn, and now she feels herself being cheated since she is holding up her half of their partnership but he is not. She feels doubly cheated because she can no longer see her husband as the man she thought she married in the image of the Talmid Chacham she hoped that he would become. All this demands that the husband must strengthen himself enthusiastically to mature and overcome his pettiness. His position is that he is not only responsible for himself but he is also responsible for his wife's half of his Torah. Later, with the help of Hashem Yitbarach when his family grows and he is involved with his children's education the picture portrayed by the father will certainly play a significant role in his influence on their children. From the very outset the home must be built in a way that it will be the foundation on which to educate the next generation in Torah and service to Hashem Yitbarach. The standard of conversation in the house must be appropriate to a home of a Ben Torah, far away from the vulgarity

שֶׁל הָרְחוֹב. עַל יְדֵי שִׂימַת לֵב לְכָל הַדְּבָרִים הָאֵלֶּה מְבַצֵּר הַבַּעַל אֶת עֶמְדָּתוֹ שֶׁל שׁוֹרֵר בְּבֵיתוֹ.

———— ෂ ————

מאמר ז.

יָעוּץ אֵצֶל גָּדוֹל בַּתּוֹרָה

אֵין הַבַּעַל מְאַבֵּד מֵעֶמְדָּתוֹ אִם הוּא מִתְיַעֵץ וְשׁוֹאֵל גָּדוֹל בַּתּוֹרָה, לְהֶפֶךְ, זוֹהִי דַּרְכּוֹ שֶׁל בֶּן תּוֹרָה, וְזוֹ צְרִיכָה לִהְיוֹת הָרוּחַ בַּבַּיִת - לִשְׁאוֹל דַּעַת תּוֹרָה. מֵאִידָךְ גִּיסָא, צָרִיךְ לְהִזָּהֵר מִלָּלֶכֶת אֶל חֲבֵרִים לְהִתְיַעֵץ אִתָּם עַל הַבְּעָיוֹת שֶׁעֲלוּלוֹת לְהִתְעוֹרֵר בַּבַּיִת, אִם בְּעָיוֹת רְפוּאִיּוֹת אוֹ אֲחֵרוֹת. אֵין זֶה מִצְּנִיעוּת הַבַּיִת לְהוֹצִיא הַחוּצָה אֶת עִנְיְנֵי הַבַּיִת וּלְהַחֲלִיף מֵידַע עִם חֲבֵרִים, גַּם לֹא עִם הַמִּשְׁפָּחָה. כָּאָמוּר, אִם יֵשׁ צֹרֶךְ בְּיֵעוּץ צָרִיךְ לִפְנוֹת אֶל גָּדוֹל בַּתּוֹרָה, וְהוּא יְיַעֵץ אוֹ יִפְנֶה לְמִי שֶׁצָּרִיךְ לְהַפְנוֹת.

———— ෂ ————

of the street. By paying attention to all of these words the husband reinforces his standing as the authoritative head-of-the-family.

Chapter 5 - Lesson 7

Taking advice from a Rav great in Torah.

A husband does not lose his standing as the head-of-household if he asks advice from a Rav who is great in Torah. In fact just the opposite is true, it is the way of a Ben Torah to ask a Gadol for advice. That has to be the atmosphere of the house – to seek advice from a Rav who is great in Torah. On the other hand the husband must be very careful not to go to his friends for advice regarding problems arising in his family, whether they are medical problems or something else, as taking family problems into the street and exchanging information with friends shatters the privacy of his family. So too he may not take his family problems to other members of his family or her family. As we said above, if there is a need to seek advice they must turn to a Rav who is great in Torah and he will advise them or he will send them to someone who will help them.

סִיוּם

חלק א.

הַבַּיִת - בֵּית סֵפֶר לְחֶסֶד

הַבַּיִת הוּא בֵּית סֵפֶר לְהִתְלַמֵּד בְּמִדַּת הַחֶסֶד. לְפִי כְּלָלֵי הַתּוֹרָה בִּצְדָקָה וָחֶסֶד - כָּל הַקָּרוֹב קָרוֹב קוֹדֵם. "עֲנִיֵּי עִירְךָ וַעֲנִיֵּי עִיר אַחֶרֶת - עֲנִיֵּי עִירְךָ קוֹדְמִים" [בָּבָא מְצִיעָא ע"א ע"א]. עָנִי קָרוֹב וְרָחוֹק - עָנִי קָרוֹב קוֹדֵם. "מִבְּשָׂרְךָ אַל תִּתְעַלָּם" [יְשַׁעְיָהוּ נ"ח ז']. וַהֲרֵי אֵין לְךָ קָרוֹב יוֹתֵר מֵאֲשֶׁר הָאִשָּׁה - אִשְׁתּוֹ כְּגוּפוֹ. לָכֵן חִיּוּב הַחֶסֶד כְּלַפֶּיהָ הוּא הַגָּדוֹל בְּיוֹתֵר. לִפְעָמִים רוֹאִים תּוֹפָעָה מוּזָרָה. אָדָם שֶׁעוֹשֶׂה הַרְבֵּה חֶסֶד בִּמְסִירוּת עִם כָּל הַפּוֹנֶה אֵלָיו, וְאִלּוּ אִשְׁתּוֹ מְלֵאָה טְעָנוֹת עָלָיו - לָמָּה הִיא אֵינָהּ רוֹאָה אֶת בַּעַל הַחֶסֶד גַּם בַּבַּיִת. אָדָם זֶה חוֹשֵׁב בְּטָעוּת שֶׁמִּצְוַת חֶסֶד הִיא יוֹתֵר חֲשׁוּבָה כְּלַפֵּי זָרִים, וְאֵינוֹ מֵבִין שֶׁעִקַּר מַעֲלַת הַחֶסֶד צְרִיכָה לְהִתְבַּטֵּא כְּלַפֵּי אִשְׁתּוֹ.

Conclusion

Part 1.

The home is a school to learn Chessed.

The home is the training ground to learn the human quality of kindness, based on the rules of the Torah, with Tzedakah and Chessed. "Whoever is a closer relative takes precedence," as the Gemara Babba Metziah states (71a) "The poor of your city and the poor of some other city, the poor of your city come first." A poor man who is related, and one who is not related, the one related takes precedence, as it says (Yeshaya 58:7) "Do not hide yourself from the needs of your family." There is no closer relative to a husband than his wife – as his wife is a part of his own body - therefore the imperative to do Chessed to her is even more compelling. On occasion we see a strange anomaly. A man who does much kindness at great self-sacrifice extending Chessed to anyone who asks him for help, yet his wife is full of complaints against him - Why doesn't she see this "great" giver of kindness doing Chessed with his own family?! This man mistakenly thinks that the mitzvah of Chessed is more important when Chessed is done for someone else, and he does not understand that the main trait of Chessed must be looking first to do Chessed to his wife.

חלק ב.

רוּחַ טוֹבָה פּוֹתֶרֶת בְּעָיוֹת

בֶּן תּוֹרָה מוֹדֵד אֶת זְמַנּוֹ בְּאַמַּת הַמִּדָּה שֶׁל לִמּוּד תּוֹרָה. נִדְמֶה לוֹ לִפְעָמִים שֶׁהוּא מַשְׁקִיעַ יוֹתֵר מִדַּי מִזְּמַנּוֹ הַיָּקָר לְשִׂיחָה עִם אִשְׁתּוֹ, לִתְשׂוּמַת לֵב אֵלֶיהָ וּלְעֶזְרָה בַּבַּיִת. רֵאשִׁית, כְּבָר אָמַרְנוּ לְעֵיל, הֲרֵי מִצְוָה שֶׁאִי אֶפְשָׁר לַעֲשׂוֹתָהּ עַל יְדֵי אֲחֵרִים, דּוֹחָה לִמּוּד תּוֹרָה, וְכָל אֵלֶּה הַדְּבָרִים מֻטָּלִים אַךְ וְרַק עַל הַבַּעַל. שֵׁנִית, אֵלֶּה הַדְּבָרִים הֵם הַשְׁקָעָה כְּדָאִית בַּעֲבוּר לִמּוּד הַתּוֹרָה. אִם שׁוֹרָה רוּחַ טוֹבָה בַּבַּיִת, רֹאשׁוֹ יוֹתֵר פָּנוּי לִלְמוֹד, וְאִשְׁתּוֹ תִּתֵּן לוֹ בְּרָצוֹן אֶפְשָׁרֻיּוֹת לְהִתְפַּנּוֹת לִלְמֹד, וּתְשַׁחְרֵר אוֹתוֹ מִטְּרָדוֹת. אֲבָל כַּאֲשֶׁר שׁוֹרָה בַּבַּיִת אֲוִירַת מְתִיחוּת - זֶה מַפְרִיעַ לִמְנוּחַת הַנֶּפֶשׁ הַנִּדְרֶשֶׁת לַלִּמּוּד, וְנִדְרָשׁוּ זְמַן רַב יוֹתֵר לְהָפִיג אֶת הַמְּתִיחוּת. הַמְּשִׂימָה הִיא לִצֹּר בַּבַּיִת אֲוִירָה נוֹחָה וְטוֹבָה תָּמִיד. זֶהוּ שְׁלוֹם בַּיִת - שְׁלֵמוּת הַבַּיִת (שָׁלוֹם מִלְּשׁוֹן שְׁלֵמוּת, כְּשֶׁאֵין מְרִיבָה - עֲדַיִן אֵין זֶה הַשָּׁלוֹם הָאֲמִתִּי, אֶלָּא כְּשֶׁשּׁוֹרָה בַּבַּיִת רוּחַ שֶׁל אַחְוָה וְרֵעוּת).

כָּךְ לִמְּדוּנוּ חֲזַ"ל [סַנְהֶדְרִין ז' ע"א]: "... כִּי רְחִימְתִין הֲוָה עַזִּיזָא(רַשִׁ"י: "כְּשֶׁאֲהֲבָתֵנוּ הָיְתָה עַזָּה בֵּינִי לְאִשְׁתִּי") אַפּוּתְיָא דְסַפְסֵירָא שְׁכִיבַן (רַשִׁ"י: "עַל רֹחַב הַסַּיִף הָיִינוּ שׁוֹכְבִים שְׁנֵינוּ"). הַשְׁתָּא דְּלֹא עֲזִיזָא רְחִימְתִין, פּוּרְיָא בַּר שִׁתִּין

a husband and wife body and soul is a unique service to Hashem Yitbarach.

The bonding between body and soul at the highest level possible we learn from Yaakov Aveinu when he was blessing his sons before he passed away. This profound idea is brought down in the sefer "Shi'urei Shas" authored by the Gaon Rabbi Yosef Leib Bloch *ZT"L* (part 1, page 192). Yosef brought his two sons to Yaakov to receive his blessing, as it says (Beresheet 48:10) "Yosef brought them close to Yaakov, and he kissed them and hugged them." The Torah is certainly not describing to us the emotional meeting between a grandfather and his grandsons before his passing, that he hugged them and kissed them. Rather, everything said here is an integral part of the topic of Berachot. This is how the Sforno explains it "And he kissed them and he hugged them" – in order that his soul would bond to their souls and his Berachot would be effective." The Beracha originates from within the soul of the one giving the blessing, and the more his soul is attached to the one who is being blessed - the more the power of the Beracha is enhanced. This is what the Sforno says regarding the blessing given by Lavan to his daughters (Beresheet 32:1) "To instruct us that the Beracha of a father to his child which is given with all of his soul is without any doubt more fitting to be effective." However, one must understand why it was necessary for Yaakov to kiss and hug his grandsons in order for his soul to attach itself to theirs, since despite the fact that "his eyes were 'heavy' from old age and he could not see," Yaakov possessed a spiritual sight that was bright and clear. He saw standing before him not the physical bodies of Ephraim and Menashe, rather, he saw the souls of his two grandsons and the generations that would descend from them. Yaakov saw that Yehoshuah would come from Efrayim. He saw Yerovam and Yehu. He saw standing before him the tribes of Israel and their futures, and he blessed them. That being so, what more did his kissing and hugging their physical bodies add to the strengthening of his connection to their souls in order that his Beracha would be even more effective?!

כְּלָל גָּדוֹל אָנוּ לוֹמְדִים מִכָּאן: אֲפִלּוּ יַעֲקֹב אָבִינוּ לִפְנֵי פְּטִירָתוֹ, כַּאֲשֶׁר הָיָה מְנֻתָּק לְגַמְרֵי מֵעִנְיְנֵי עוֹלָם הַזֶּה (זוֹהִי הַסִּבָּה הַפְּנִימִית שֶׁעֵינָיו כָּבְדוּ מִזֹּקֶן), כָּל עוֹד יֵשׁ לוֹ גוּף - הוּא צָרִיךְ לְשַׁתֵּף גַּם אֶת הַגּוּף, כְּדֵי שֶׁדְּבֵקוּת הַנֶּפֶשׁ תִּהְיֶה מֻשְׁלֶמֶת, כִּי גּוּף וָנֶפֶשׁ מְהַוִּים חֲטִיבָה אַחַת בְּכָל הַמַּדְרֵגוֹת, וְחֶסְרוֹן דְּבֵקוּת הַגּוּף מִתְבַּטֵּא בְּחִסָּרוֹן בִּדְבֵקוּת הַנֶּפֶשׁ.

הַסְּפוֹרְנוֹ מַסְבִּיר כָּךְ גַּם אֶת הִשְׁתַּדְּלוּתוֹ שֶׁל יוֹסֵף שֶׁיַּעֲקֹב יָשִׂים יַד יְמִינוֹ עַל מְנַשֶּׁה, וְאֶת תְּגוּבָתוֹ שֶׁל יַעֲקֹב שֶׁשִּׂכֵּל אֶת יָדָיו. הֲרֵי גַּם כָּאן צָרִיךְ לְהָבִין, אִם יַעֲקֹב רוֹצֶה לְבָרֵךְ אֶת אֶפְרַיִם יוֹתֵר מִמְּנַשֶּׁה - יִתֵּן לָזֶה בִּטּוּי בְּכַוָּנַת בִּרְכָתוֹ. לָמָּה צָרִיךְ בִּשְׁבִיל זֶה לָשִׂים דַּוְקָא אֶת יַד יְמִינוֹ עַל אֶפְרַיִם, וּלְשַׂכֵּל אֶת יָדָיו. וְזֶה לְשׁוֹן הַסְּפוֹרְנוֹ [שָׁם י"ח]: "כִּי אָמְנָם הַסְּמִיכָה בַּיָּד - תְּכַוֵּן הַנֶּפֶשׁ אֶל מַה שֶּׁנִּסְמַךְ עָלָיו... וְכֹחַ הַיָּמִין חָזָק מִכֹּחַ הַשְּׂמֹאל, וּתְכַוֵּן יוֹתֵר סְמִיכַת הַיָּמִין אֶל הַיָּמִין, מִמַּה שֶּׁתְּכַוֵּן אוֹתָהּ סְמִיכַת הַשְּׂמֹאל אֶל הַשְּׂמֹאל". נִפְלָא! אֲפִלּוּ הֶפְרֵשׁ קָטָן בֵּין סְמִיכַת יַד יָמִין לִסְמִיכַת יַד שְׂמֹאל מִתְבַּטֵּא בְּכַוָּנַת הַנֶּפֶשׁ, וַאֲפִלּוּ אֵצֶל יַעֲקֹב אָבִינוּ לִפְנֵי פְּטִירָתוֹ.

מִכָּאן נוּכַל לִלְמֹד בִּנְיַן אָב לְאֶפְשָׁרֻיּוֹת שֶׁל חֶסֶד בְּגוּפוֹ, שֶׁיֵּשׁ רַק בֵּין אִישׁ לְאִשְׁתּוֹ, "שֶׁצָּרִיךְ לְהִשְׁתַּדְּלוּת הַהִתְאַחְדוּת, שֶׁזּוֹ כַּוָּנַת הַיְצִירָה: וְהָיוּ לְבָשָׂר אֶחָד" כִּלְשׁוֹן מָרָן הַחֲזוֹ"א בְּמִכְתָּבוֹ.

נְסַיֵּם בְּסִיּוּם מִכְתָּבוֹ: "וְצָרִיךְ לְבַקֵּשׁ רַחֲמִים, כְּמוֹ שֶׁאָמְרוּ: "בְּכָל דְּרָכֶיךָ דָעֵהוּ וְהוּא יְיַשֵּׁר אָרְחוֹתֶיךָ". עַל פָּסוּק זֶה

Conclusion - Part 3

We learn a great profound rule from this. Even Yaakov Aveinu before his passing, at a time when he was completely detached from all matters in this world (that is the inner reason why his eyes were 'heavy' from old age) as long as he had a physical body he still needed to partner his body to his soul in order that the connection of his soul to their souls would be complete since the body and soul are one integral being at all levels of physicality and spirituality. An imperfection in the attachment of the body expresses itself in an imperfection in the attachment of the soul.

The Sforno explains this concept also in Yosef's effort to get his father Yaakov to place his right hand on Menashe - to bless Menashe with his right hand - and Yaakov's reaction in crossing his hands and putting his right hand on Efrayim and his left hand on Menashe. Here too one must understand if Yaakov wanted to bless Efrayim more than Menashe, couldn't he just put more expression into his concentration on his Beracha to Efrayim? In order for his Beracha to be more effective why was it necessary to specifically put his right hand on Efrayim by crossing-over his arms? This is how the Sforno explains it (32:18) "because in reality by placing his hand on Efrayim, Yaakov's soul will focus more on him and the power of Yaakov's right hand is stronger than the power of his left hand. The intensity of the Beracha is greater when the right hand is placed on the right side than when that same Beracha transfers from the left hand to the left side. Incredible!! Even this small difference between placing the right hand or the left hand expresses itself in the focus of the soul's Beracha, even by Yaakov Aveinu at the time of his passing.

From this we can learn a general rule regarding the opportunities of doing Chessed with one's physical actions which exist between a husband and his wife "as it demands work-effort to bond, which is the intent of Creation, that they should be as one flesh," as Maran the Chazon Ish wrote in his letter.

We will end this essay with the conclusion used in Maran's letter. "One must pray for mercy from Hashem, as Chazal have said - In all

דָּרְשׁוּ רַזַ"ל [אָבוֹת דְּר' נָתָן סוֹף פֶּרֶק י"ז] "כָּל מַעֲשֶׂיךָ יִהְיוּ לְשֵׁם שָׁמַיִם" - כָּל דְּרָכֶיךָ יָבִיאוּ לְהִתְקָרְבוּת אֶל ה' יִתְבָּרַךְ, כַּאֲשֶׁר תִּשְׁתַּמֵּשׁ בָּהֶם כְּאֶמְצָעִי לַעֲבוֹדַת ה' יִתְבָּרַךְ. וְעַל זֶה צָרִיךְ לְבַקֵּשׁ רַחֲמִים שֶׁה' יִתְבָּרַךְ יַצְלִיחַ אֶת דְּרָכֵינוּ.

—— ೞ ——

of your ways know Him, and He will guide your path." Regarding this pasuk our Rabbis *ZT"L* expounded (in Avot D'Rebbe Natan, 17th chapter) "All of our actions should be done for the sake of Heaven." All of your actions will bring you closer to Hashem Yitbarach when your actions are used as a means to fulfill your service to Hashem Yitbarach. For this one needs to plead for mercy from Hashem Yitbarach, that He will make us successful in all of our efforts.

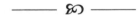

בעזר השם יתברך ובשמחה גדולה

תם ונשלם תרגום אנגלית לקונטרס

וידעת כי שלום אהלך

מאת הרב הגאון חיים פרידלנדר זצ"ל

<u>My Notes</u>

Rabbi Eliezer Ginsburg

Advice to men guiding them into a more loving relationship with their wives

הדרכת חתנים

מאת הרב אליעזר גינזבורג שליט"א

עצה לאנשים איך להתנהג עם נשיהם
כדי להוסיף אהבה ביניהם

עצות ממרן הגאון הרב אלעזר מנחם מן שך זצ"ל בענין שידוכים ושלום בית - מספר בסערת אש ומה שהוספתי כפי מה שקבלתי ושמעתי

1) לדעת שהרבה פעמים בתחילת הנשואין, עד שמתרגלים אחד עם השני עובר זמן קשה, אבל אם יש סבלנות משני הצדדים זה מסתדר.

וסיפר על אחד מגדולי ישראל, שבשלוש שנים אחר הנישואין היה השלום בית שלו מאד רופף עד שהרבה פעמם לא דיברו אחד עם השני, אולם אחר כך הסתדר הענין והיה שלום בית ביניהם להפליא.

2) לכבדה יותר מגופו, שמשבחה תמיד בכל עת שיש על מה לשבחה, ותהא אמירת השבח תוכו כברו.

שמעתי על הסבא מקלם זצ"ל שליל שבת אחרי מעריב, בהליכתו מבית המדרש לביתו היה חושב על כל הטובות שעשתה אשתו בעדו בכל השבוע, וכשנכנס בביתו ואמר 'גוט שבת' [שבת טוב] היתה יוצאת הברכה מתוך לב מלא הכרת הטוב.

3) לדבר תמיד בנחת ולא ירים קולו, ולזכור תמיד הקול חתן והקול כלה, והיינו שהיו מדברים בנחת ומתוך שמחת הלב. להקדים תמיד בבוקר טוב, בשלום, מתוך קול שניכר שיש לו שמחה בלבו.

4) יסוד הבית יהא בנוי על 'וויתור', ולוותר על הכל עד

Advice from our master Rabbi Elozor Menachem Mann Shach zt"l
concerning Shidduchim and Marital harmony, from the sefer Saaros Eish,
and what I added according to what was passed down to me by tradition or which I heard.

1) To be aware that many times at the outset of the marriage one will go through difficult periods, until the two people grow accustomed to one another. However, if both sides are patient things will work out. He related that one of the great sages had very poor marital harmony during the first three years of marriage, to such a degree that on many occasions there was very little communication between the two parties, but subsequently things worked out and they enjoyed a remarkably happy and stable marriage.

2) To honor her more than himself, by praising her constantly whenever there is anything for which to praise her, and whenever he does use words of praise they should be sincere and genuine.

   I heard concerning the Sabba from Kelm zt"l that on Friday night after Maariv on his way home from the Bais HaMedrash, he would think over all the kindnesses his wife had done for him during the week, and as he entered his house and said "Gut Shabbos" the words of blessing would emanate from a heart full of gratitude.

3) To always speak pleasantly and never raise one's voice, and to always recall the way they addressed each other when they were newlywed Chasan and Kallah, meaning at that time they spoke pleasantly and from joyous hearts. To greet her first with a good morning and Shalom, in a voice which indicates that he has happiness in his heart.

4) The foundation of the house should be built on concession,

קצה האחרון, ואפילו בעת שלפעמים היא כועסת, כל שכן בעת שנראה שהם דברים קטנים ולא תהא אצלה שום הקפדה אף בעת כזאת תהא מוותר.

מספרים על מרן הגאון ר' שלמה זלמן אויערבאך זצ"ל שתיכף בחדר היחוד אמר להכלה, שבעת שיש ביניהם דעות מחולקות, כל אחד ישתדל להשפיע על השני באופן נחת לקבל דעתו, ואם נשאר שעדיין יש ביניהם שתי דעות אז הוא יהא המוותר.

ובעת הלויה של אשתו שנפטרה קודם אמר לפני המטה לפני יותר משלש מאה אלפים אנשים, באמת אין לי מה לשאול ממך מחילה, שכל ימינו שרוי שלום ואף פעם לא הקפיד אחד על השני, אבל מנהג העולם לשאול מחילה לכן אני מבקש ממך מחילה.

5) לא להטיל על העקרת הבית חומרות של הבעל, שהרי על הבעל יותר קל להחמיר מהאשה, ולכן אין לומר לה להחמיר, אלא יסביר לה הטעם של החומרא ולמה נוהג להחמיר, ואם תקבלה טוב, ואם אינה מקבלה גם זה טוב.

והשאלה היתה ששאל איך להתנהג בענין טלטול ברחוב בני ברק בשבת, שהרי יש שם עירוב והחזון איש היה מחמיר אף שיש שם עירוב, וכן בכל עיר שיש עירוב היה החזון איש מחמיר מלטלטל ברחוב העיר, ועל זה ענה מרן רב שך זצ"ל שאי אפשר לומר לשני להחמיר אבל יש להסביר לה חומרת הענין.

meaning to be the one to give in to the other person's wishes to the most extreme degree, especially on occasions when she is worked up or angry over something, but even when it concerns something which is seemingly insignificant and she will not care very much if she does not get her way, even in such instances one should give in.

It is told over about our master Reb Shloime Zalman Aurbach zt"l that immediately after the Chupah when he was secluded together with his wife in their private room, he said to her that whenever they have a difference of opinion each one should attempt to convince the other of his point of view in a pleasant manner, and if they still do not see eye to eye he will bow to her opinion.

His wife predeceased him, and at her funeral he addressed her in front of more than three hundred thousand people, saying, "truthfully speaking I have no reason whatsoever to ask forgiveness, as we lived our lives together in total harmony and we were never angry with each other; however since it is the custom to ask forgiveness from a spouse I hereby ask your forgiveness!"

5) Not to impose on one's wife the stringencies which he has accepted upon himself. Since it is considerably easier for the man to be stringent than it is for the woman, he should not tell her to be stringent. Rather he should explain to her the rationale behind the stringency, and why he has decided to accept it upon himself. If she wishes to emulate him that is good, and if she decides not to do so that is also fine.

The issue was concerning someone who sought guidance as to how he should conduct himself in regard to carrying in the streets of Bnei Braq on Shabbos. Even though there is an Eiruv in Bnei Braq, the Chazon Ish was of the opinion that one should not carry there, or in any town that has an Eiruv. Regarding this query our master Rabbi Shach answered that one cannot tell

6) האשה צריכה להיות בבית בערב כשהבעל חוזר מישיבה או מעבודה ולקבל פניו בשמחה, ותהא מלובשת בבגדים יפים.

השאלה היתה שהאשה היתה מלומדת ואומרת שיעורי תורה בערב בשביל נשים, ענה מרן רב שך שאשה צריכה להיות בערב בבית אפילו אם יתבטל השיעור.

7) השולחן בשבת קודש יהא מסודר עם דברי תורה ושירות ותשבחות של זמירות ושירים של שבת, ובמיוחד מה שהיא האשה אוהבת לשמוע.

וכשנכנס לבית לשיר השיר של שלום עליכם מלאכי השרת כו', שזהו סגולה להכניס שלום בבית לכל השבוע.

ולזכור תמיד לשבח אותה על המאכלים ועל יופי השולחן והבית לכבוד שבת קודש.

וסיפר מרן הגאון רב שך שאכל שבת אצל אחד מגדולי בעלי המוסר ואשתו לא היתה לה היכולת לבשל ולאפות טוב, והיו האורחים משאירים מן האוכל, היה הגדול אוכל השיריים בעת שאשתו לא היתה רואה, כדי שיהא נראה שהאורחים נהנו מן האוכל ולא השאירו כלום.

ובעת ברכת המזון יברך בקול שגם זה סגולה נפלאה בעד שלום בית, וגם סגולה נפלאה להצלחה.

8) שתהא להאיש עם אשתו סדר קבוע בלימוד התורה באיזה מקצוע שיש להאשה הנאה מהלימוד, הכי טוב ללמוד ביחד מספרי מוסר וכגון ספר מסילת ישרים שבה יכול לקנות קנינים אמיתיים במדות טובות

someone else to act stringently, rather one should explain to her the severity of the matter.

6) The wife must be home in the evening when the husband comes back from Kollel or work, and should greet him joyfully, dressed in presentable and nice clothes.

This was said in response to a situation where the wife was a well-educated, and gave Torah lectures for women in the evening hours. Our master Rav Shach replied that a wife must be home in the evening, even if this causes the cancellation of the shiur.

7) The Shabbos table should be organized, accompanied with Torah thoughts, and songs and praises of the special tunes and songs for Shabbos, especially those which his wife loves to hear. Upon entering the house when returning from the Bais HaKenesses, one should sing "Sholom Aleichem Malachei HaSholom", as this is a Segulah to bring marital harmony into the house for the coming week. One should remember to always praise his wife in regard to the tasty food and the beautiful appearance of the table and the house in the honor of the holy Shabbos.

Our master Rav Shach related that he once ate on Shabbos in the house of one of the great Mussar personalities, whose wife was unable to cook or bake well. The guests left over part of their portions, and when his wife was not looking that great sage would eat their leftovers in order to make it seem as though the guests enjoyed the food and ate everything served to them.

During Birchas Hamozon he should say the Berochos out loud, as this is a Segulah for marital harmony, as well as being a wonderous Segulah to be successful in one's endeavors.

8) The husband should set aside a fixed time to learn with his wife whatever Torah subject she enjoys. It would be best if they learn together in a sefer which deals with Mussar topics,

וישרות ואהבת השם יתברך, שהוא מעיקרי יסודות הבית.

9) להיות בבית חדר מיוחד או מקום מיוחד ללמוד שם או להתפלל שם ע"י אמירת תהלים או שאר תפילות ובקשות, וכן ידוע שבבית הגאון הגדול הרב חיים מבריסק זצ"ל היה מקום מוכן בשבילו להתפלל, וכן מסופר על החפץ חיים שהיה לו מקום להתבודד ולעשות שם חשבון הנפש ולהתפלל על צרכי המרובים של עם ישראל.

10) ועל כולם תמיד תהא בשמחה, ותמיד תהא יוצא מהפה והלשון דברי שבח להקב"ה וכן תמיד לספר אחד להשני כשראה השגחה פרטית, יד השם, רחמי הקב"ה.

ועי"י העשרה ענינים האלו יהא השכינה שורה בבית ויהא תמיד סייעתא דשמיא בבית.

יום י"ח סיון תשע"ח

החותם ברגשי הוקרה והכרה
להמתעסקים בענין זה להרבות שלום בית

אליעזר גינזברג

Advice from Rabbi Elozor Menachem Mann Shach zt"l concerning Shidduchim and Marital harmony

such as Mesilas Yeshorim, from which they can acquire true attainments in the areas of good and honest character traits, coupled with the love of Hashem Yisborach, which are some of the basic foundations of a Jewish home.

9) There should be a room or a special place set aside in the house specifically for the purpose learning or davening there by reciting Tehilim or other prayers and entreaties. It is well known that in the house of the great Gaon Harav Chaim from Brisk zt"l there was a place designated for him to daven. Similarly it is related about the Chofetz Chaim that he had a place where he could seclude himself and make an accounting of his progress in matters concerning his soul, and also daven there for the many needs of the Jewish people.

10) And above all you should always be joyful, and you should always speak words of praise to HaKodoish Boruch Hu, and so too always tell one another when they observed an incident of Divine providence, the Hand of Hashem, or Heavenly mercy.

Through these ten guidelines the Holy Shechinah will rest in the house and they will always merit the helping Hand of Heaven in the home.

The 18th of Sivan 5778

Signed with feelings of gratitude and recognition to those who devote themselves to this matter of increasing marital harmony

Eliezer Ginsburg

בס"ד

A word of thanks to everyone who supported the publication of this sefer

(בבא בתרא עג:)

ואמר רבה בר רב חנה לדידי חזיא לי ההיא אקרוקתא דהויא כי אקרא דהגרוניא ואקרא דהגרוניא כמה הויא? שתין בתי! אתא תנינא בלעא פושקנצא ובלעה לתנינא וסליק דיתיב באילנא תא חזי כמה נפיש חיליה דאילנא. אמר רב פפא בר שמואל אי לא הואי התם לא הימני.

(Gemara Babba Batra 73b)

"Rabba Bar Bar Chanah said- Once I saw a frog that was the size of the city of Hegroniah. How big is the city of Hegroniah? Sixty houses! A serpent came and swallowed it and then a raven came and swallowed the serpent. It then flew up and rested in a tree. Come and see just how strong that tree was. Rav Pappa Bar Shemuel said – if I wasn't there myself to see it I would never have believed it."

In this midrash taught by the Tana'im who are the ba'alei aggada of the gemara, Chazal are praising the benefactors of Torah who carry their great responsibility despite the pressures of an alien society. Moshe Rabbeinu blesses them in his beracha to Zevulun (Devarim 33:18) as

" ולזבולון אמר שמח זבולון בצאתך "

"*and to Zevulun he (Moshe) said- rejoice Zevulun as you leave*"

to which Rashi comments " הצלחה בצאתך לסחורה "

"*success as you leave to conduct business*"

These willing partners of HaKadosh Baruch Hu give generously and graciously to promote Torah and in so doing fulfill the words of the Navi (Yeshayahu 11:9)

" ומלאה הארץ דעה את ה' כמים לים מכסים "

"*and (it will be a time when) the world will be filled with a knowledge of Hashem as (vast as) the waters that cover the seas*"

We wish to express Hashem's blessings and our heartfelt thanks to all of those sponsors who made possible the printing and distribution of this sefer. With Hashem's help, their *zechut* \ their merit will inevitably help bring Mashiach and end our galut.

Dedicated in memory of our dear mothers

Mrs. Mollie Levy ע״ה
and
Mrs. Mollie Schultz ע״ה

In memory of our fathers
**Mr. Jack Levy –
Yaakov Ben Leah** ז״ל
and
Mr. Max Schultz ז״ל

In memory of our precious daughter
Mazal Bat Frieda ע״ה

In memory of our pure and holy grandson
Yosef Ben Sarah ז״ל

by
Yedidya and Frieda Levy
Their children and grandchildren

בס"ד

In Loving Memory of
my dear parents

Fred M. Esses

ישועה בן **לילא** ז"ל

and

Mollie Esses

מזל בת **לטיפה** ע"ה

and my beloved wife

Masha Ze'eva
bat Cima Miriam

by

Eli Esses
and his children

Rabbi Jason L. Esses, M.D.

Rabbi Joseph M. Esses

Mrs. Mazal Esses Buls

and their families

בס"ד

Dedicated in loving memory of

רחמים בן אדל ע"ה
Raymond Kairey

and

משה בן מרג'א ע"ה
Morris I. Gindi

by their children

Compliments of

Mr. and Mrs. Ezra Erani

In honor of my

אשת חיל

Paulina Ashkenazi

Dedicated by her husband

Ely

Dedicated in loving memory of our

mother, grandmother and great grandmother

Batya bat Shraga Feivel Rosen, A"H

by

Debbie and Gilles Dana

Rabbi Chaim and Meechal Litzenblatt and Rachel Ahuva & Batya Temima

Rabbi Zvi and Sara Dana and Devora, Simcha Naomi and Eliyahu and Shmuel

Rabbi Yosef and Rivka Dana and Devorah Mazal & Eliyahu

In honor of our mother

Mrs. Sara Nina Bildirici

A lover of Shalom Bayit

by her sons

Joseph, **Morris**, **David and Nesim**

and their wives and children

In memory of

Joe A. Esses ז"ל

לזכר נשמת

יצחק בן בהייה ז"ל

Compliments of

Mr. and Mrs. Yaakov Mishan

בס"ד

Dedicated in honor of

my wife **Tammy Chemtob**

and our children

Charlie and **Jennifer Chemtob**

Albert and **Cami Mizrahi**

Avraham and **Adele Seruya**

Ezra and **Mazal Aboksis**

Ezra and **Rebecca Levy**

Avraham Chemtob

and **Yitzchak Chemtob**

May Hashem help them all

continue to grow in

Torah and Yirat Shamayim

Compliments of

Mr. and Mrs. Marc Chemtob

In honor of my parents

Mr. Ezra and Shamsi Bamshad

By **Nisan Bamshad**

Compliments of

Mr. and Mrs. Ronnie Adjmi

לזכר נשמות

הייניה פייגה בת **מנשה**
זאב וואלף בן **יעקב**
צבי בן **יוסף אליהו**

ולרפואה שלימה

רות בת **מאיר**, **דוד מאיר** בן **שמעון יעקב**
שמעון יעקב בן **יעקב**

ולהכרת הטוב להרב **ידידיה** בן **יעקב לוי**

Compliments of

Mr. and Mrs. David Hamm

Jerusalem, Eretz Yisrael

רפואה שלימה, הצלחה ופרנסה טובה

לאפרים בן מיכל הי"ו

Compliments of

Mr. and Mrs Joseph Dwek

הבן יקיר לי ... ילד שעשועים
כי מדי דברי בו זכור אזכרנו עוד

In memory of

Rabbi Yaakov R. Attie ע"ה

Dedicated by

Mr. And Mrs. Elie Kiko Elmann

לעילוי נשמת

אברהם ציון בן נאוה ז"ל

Compliments of Anonymous

יהי שלום בחילך שלוה בארמנותיך, למען אחי ורעי אדברה־נא
שלום בך, למען בית ה' אלקינו אבקשה טוב לך. (תהלים קכ"ב:ז־ט)

Peace be within your walls, serenity within your palaces. For the sake of my brothers and friends I will say "Peace be with you." For the sake of Ado'nai our G-d I will advocate your good. (Tehilim 122:7-9)

בס"ד

לעילוי נשמת

דוד גנדי הכהן ז"ל

בן הרב משה גנדי הכהן ונזהה ז"ל

נלב"ע י"ג ניסן תשע"ד

ת.נ.צ.ב.ה.

מאת אשתו ובניו

Compliments of

.Dr. and Mrs. Yerucham Reich M.D

Dedicated as a zechut
for our family and all of Klal Yisrael

Eddie and **Victoria Esses**
and family

In loving memory of our dear father

Michael E. Safdeye ע"ה

by His children and grandchildren

בס"ד

Compliments of
Mr. and Mrs. Bruce Lilker

~~~ ❧ ~~~

In honor of
Yedidya and Frieda Levy
by **Dr. and Mrs. Eliyahu Hamaoui M.D.**

~~~ ❧ ~~~

Dedicated by
Mr. and Mrs. Jody Levy
לעילוי נשמת
אהרן בן אולגה ז"ל

~~~ ❧ ~~~

Greetings
Compliments of
Mr. and Mrs. Leon Sutton

~~~ ❧ ~~~

Compliments of
Mr. and Mrs. Rephael Attie

~~~ ❧ ~~~

Compliments of
Rabbi and Mrs. Moshe Shemtov